PARIS SANS PAIR
BIBLIOTHEQUE
DE
PAUL LACOMBE

UN CHATEAU

EN

SEINE-ET-MARNE

— 1870 —

PAR

LE MARQUIS DE MUN

DEUXIÈME ÉDITION

PARIS

E. DENTU, LIBRAIRE-ÉDITEUR

PALAIS-ROYAL, 17 ET 19, GALERIE D'ORLÉANS

UN CHATEAU

EN

SEINE-ET-MARNE

— 1870 —

PARIS. — TYPOGRAPHIE LAHURE
Rue de Fleurus, 9

UN CHATEAU

EN

SEINE-ET-MARNE

— 1870 —

PAR

LE MARQUIS DE MUN

DEUXIÈME ÉDITION

PARIS

E. DENTU, LIBRAIRE-ÉDITEUR

PALAIS-ROYAL, 17 ET 19, GALERIE D'ORLÉANS

1876

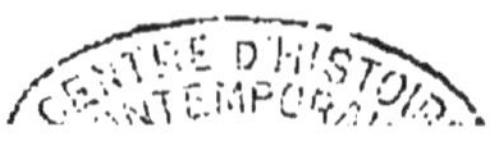

Juillet 1875.

Quatre années à peine se sont écoulées depuis la grande guerre, et déjà tout paraît oublié. Ce pays est à la fois d'une richesse si inépuisable, d'une vitalité si intense et d'une légèreté si incorrigible, qu'on semble vraiment parler histoire ancienne, lorsqu'on s'efforce de ramener l'attention publique vers ces tristes jours.

Le luxe et les plaisirs, pour les uns, la politique la plus personnelle et la plus égoïste, pour les autres, telles sont les passions d'une époque où les esprits sont usés par les révolutions. L'année qui suivit la guerre vit éclore une foule d'écrivains légers ou sérieux : les uns racontaient les combats auxquels ils avaient pris part, souvent de très-loin ; les autres relataient les mille scènes du siége de Paris. Les militaires élaboraient à loisir des plans de campagne posthumes ; les romanciers peignaient la physionomie de tout un peuple appelé subitement à vivre dans les camps et sur les remparts. Les premiers acteurs de ce grand drame se disculpaient ; les autres les attaquaient avec une colère bien légitime ; les républicains se consolaient facilement de nos défaites, en saluant, dans la République, le gage de notre régénération.

Tout le monde a dévoré cette histoire palpitante ; mais sa monotonie a fatigué : le drame était terminé, sinon dans ses conséquences, au moins dans sa partie aiguë. Le silence était fait et la toile était tombée.

C'est cette toile que je viens soulever. Peut-être, après ces cinq années, pendant lesquelles les agitations de la politique ont exclusivement préoccupé les esprits, un certain regain de curiosité s'attachera-t-il à ces souvenirs d'une époque dont il faut pourtant garder longtemps la mémoire.

Le seul mérite de ces récits est dans leur exactitude et leur précision. Écrits au jour le jour, comme ne le montre que trop leur naïve incorrection, ils sont comme ces livres de *bord*, qui racontent, chaque soir, les péripéties d'une traversée longue et pénible. Ils montrent l'état moral et matériel des choses dans une région qui n'a pas connu l'émotion des luttes, mais les douleurs lentes de l'occupation. On n'y trouve pas ce chauvinisme banal, sur lequel les orateurs de clubs, de journaux ou de balcon, croient devoir entonner l'hymne d'un patriotisme peu dangereux : on n'y trouve pas davantage contre nos vainqueurs ces imprécations faciles qui ne lavent pas les défaites et ne préparent pas les revanches. Ceux qui excitent notre grande colère, ce sont ces hommes qui ont passé ces temps douloureux à édifier leur fortune politique et ont, enfin, doté la France du gouvernement que M. de Bismark lui souhaitait. En un mot, on trouvera, dans ce livre, tout ce que, pendant ces tristes jours, j'ai vu, pensé, souffert et détesté.

UN
CHATEAU
EN SEINE-ET-MARNE
(1870)

A MES ENFANTS

Lumigny, 19 Septembre 1870.

Je commence ce journal, le 19 septembre, au plus fort du drame extraordinaire qui va se dérouler sous mes yeux. Cette histoire de l'invasion de 1870 sera présentée sous des aspects bien différents. Les historiens saisiront l'ensemble : ils donneront, sur les événements politiques et militaires de l'époque, des conseils bien faciles, quand ils sortent, après coup, du fond d'un cabinet de travail. Nous, acteurs ignorés, racontons simplement le détail de chaque heure, là où nous sommes ; nos impressions ne seront peut-être pas sans intérêt, sans enseignement même. Un maire de village, comme moi, n'a pas, d'ailleurs, pour occuper son activité, le tourbillon des événements qui, à la ville, passent et se choquent. Obligé d'être sans cesse entre son château et son village, les yeux fixés sur les routes et l'oreille tendue au moindre son, il est bien, comme son collègue de la ville, en rapports forcés avec l'ennemi, mais seul, sans nouvelles, sans figure amie. Écrire ma vie de chaque jour, en pensant à ceux que j'aime, est ma seule consolation.

Depuis dix jours, je suis à peu près sans nouvelles. Et l'absence de renseignements est telle, qu'en ce jour, 19 septembre, je ne sais pas si Paris est encore debout, si Coulommiers même est occupé par l'ennemi. Nos informations certaines vont à peine à Rosoy ; je n'ose, en cas d'événements, quitter mon poste, même une heure, et j'en suis réduit aux rumeurs étranges et fantastiques de quelques piétons.

Mon cœur va de Metz, où combat mon cher

Albert, à Rouen, où Robert est allé reprendre sa place parmi ses camarades de l'armée... Mes pauvres filles sont en Belgique. Ces émotions ne les brisent-elles pas?... Et cette malheureuse Simone à Pau!... Quelle vie d'angoisses et de tourments elle doit mener... Avec votre mère, nous parlons très-peu de vous, mes chers enfants! Dès que votre nom vient à notre bouche les sanglots nous étouffent. Alors, comme il nous faut conserver toute notre énergie, car l'épreuve sera peut-être longue, nous nous serrons la main et nous causons d'autre chose. Vous voyez d'ici le château où vous êtes nés et que vous aimez tant. Il est plus riant que jamais. Le temps est splendide; sous le ciel bleu les gazons sont comme de l'émeraude, les *cases du Maryland* comme de l'or, les fleurs éblouissantes. Le salon inondé de soleil est tel que vous le connaissez: pas un vase n'a été changé de place. Les meubles me sont si indifférents maintenant, que je n'ai rien voulu serrer, d'ailleurs j'ai la conviction que plus un lieu a l'air habité, plus il est respecté.

C'est le 24 août que je suis revenu à Lumigny avec ma femme, qui, après avoir envoyé ses filles en Belgique, à la garde de Dieu et de nos bons parents pour qui ma reconnaissance est sans bornes, avait voulu venir s'enfermer avec moi dans ce gouffre. Notre arrivée a été, comme vous le pensez, bien triste, bien sévère; notre cœur était serré en revoyant partout les traces de votre vie, souvenirs si doux et si poignants à la fois. Nous sommes revenus par la route de terre, craignant que d'une heure à l'autre les chemins de fer ne fussent coupés. La sortie de Paris avait cet aspect lugubre des préparatifs d'un siége ; partout des terrassements, des masses d'ouvriers ne faisant pas grand ouvrage, des canons qu'on roulait avec plus de bras qu'il n'en faut, beaucoup de mise en scène; puis, à Vincennes, le camp des mobiles, pauvres enfants gangrenés par la vie de Paris, indisciplinés, dont on pourrait utiliser les forces; mais le voudra-t-on, le pourra-t-on ?

Une fois Champigny dépassé, on retrouve le calme et la sérénité de la campagne par un beau jour d'été. Je n'avais pas fait cette route en voiture depuis plus de vingt ans et je reconnaissais les moindres accidents de terrain, me rappelant le temps où, jeune et leste, je venais sans cesse à Paris sur des chevaux de chasse. A Ozouers, je retrouve des jeunes gens d'alors, vieux comme moi aujourd'hui, qui me racontent des incidents puérils de ces voyages où la rapidité de mes allures étonnait les populations. Qu'ils sont loin ces beaux temps de la jeunesse!!!

J'ai été convenablement reçu à Lumigny. Les bonnes gens ne sauront jamais tout ce qu'il m'a fallu de courage pour revenir ainsi au milieu d'eux, loin de tous les miens. C'est un exil, je le sais, la vie sur un vaisseau, l'isolement complet, sans compter les péripéties fort graves qui peuvent survenir. Que l'on ne se figure pas qu'il entre dans ma pensée l'idée de sauvegarder mes propriétés ; la terre restera toujours, et les murs aussi ; pour quelques meubles de plus ou de moins que sauvera peut-être ma présence, je n'aurais jamais affronté pareille misère. Mais je considère ma présence à Lumigny comme un devoir, auquel je n'ai pas le droit de me soustraire. Dans tous les environs, quiconque a, je ne dis pas un château, mais une maison de quelque apparence, est parti, excepté M. de C....., que l'on me dit être à La F Dieu me garde de juger les raisons qui ont pu diriger chacun ; il en est deux, mes amis E. de B... et L. de B..., qui, dans des conditions d'âge et de force bien différentes, se sont résolument enfermés à Paris. Ceux-là, certes, ont fait une œuvre de courage plus flatteuse pour l'amour-propre que cette soumission passive qui nous attend dans les campagnes. Car j'entrevois que je vais devenir l'hôtelier de l'ennemi et que ma présence lui donnera gîte meilleur et table plus confortable. Voilà donc quel sera mon rôle dans la défense nationale! Puissé-je au moins sauver quelques-uns de mes pauvres administrés des vexations, pillages et autres malheurs, cortége inévitable d'une invasion! Ce sera la seule récompense à laquelle je prétende.

Mais c'est trop parler de moi, passons aux événements. Vous vous souvenez qu'ils se précipitaient avec la rapidité de la foudre. Le 27 août, Robert, Jeanne et Simone vinrent passer quelques heures avec nous. Ce fut un rayon de soleil perçant notre brouillard. Robert alla le soir au village assemblé tout entier à la mairie, et là, expliqua la position de nos armées. Il fit espérer un succès brillant, nous raconta la fameuse entrevue de Mac-Mahon et de Bazaine à Montmédy; nous exposa les plans de jonction des deux armées. Le pauvre garçon, malgré ses illusions habituelles sur cette guerre, ne croyait pas beaucoup à la jonction, et moi pas du tout. L'armée française est destinée à vaincre toujours ou à être toujours battue. Elle a pour elle l'élan, mais l'organisation, la discipline, l'instruction laissent trop à désirer : les bases ne sont pas solides. Il est impossible à un peuple qui fait tous les quinze ans une révolution d'avoir ce qu'on appelle une bonne armée. On aura des soldats braves jusqu'à l'héroïsme, mais les instants critiques arrivés, que fera-t-on des généraux qui n'ont jamais voulu rien apprendre, des officiers qui, en temps de paix, ne songent qu'à leur bien-être, des hommes qui, comme le reste des Français, ne pensent qu'à leurs droits et jamais à leurs devoirs.

Robert parti, notre nuit devint plus noire ; nous avions les journaux que nous attendions avec une impatience fébrile. Presque tous les jours nous allions à Rosoy, votre mère et moi, voir quelques figures nouvelles, entendre le son de voix amies. Enfin, le 30, une rumeur sourde se répand ; le 31, l'angoisse redouble : la grande bataille se livre ; elle continue depuis deux jours avec un résultat incertain ; on sait ce que cela veut dire. Le 1er et le 2 septembre on ne respire plus ; enfin, le 3, le grand voile se déchire ; nous sommes écrasés; toute l'armée est faite prisonnière et l'empereur a rendu au roi de Prusse son épée. Puis naturellement, comme par un coup de baguette, la République sort de son antre, armée de toutes pièces, affublée de sa sinistre mascarade, avec son cortége d'usurpation, de violences, de scènes de rue, d'envahissement d'Assemblée, et il se trouve des hommes assez osés, assez égoïstes, assez follement ambitieux pour se faire donner, du haut d'un balcon, une autorité bientôt entourée de ce pathos ridicule, corollaire obligé de ce qu'on appelle acclamation populaire.

On voit reparaître ce grotesque spectacle des citoyens s'embrassant dans les rues, ces stupides articles de journaux exaltant la magnificence de cet élan sublime, cette sotte promenade d'une bande de vandales allant casser sur tous nos monuments les lettres qui rappellent un règne acclamé avec la même fureur il y a vingt ans. On n'a pas compris qu'en déclarant la guerre, on allait à un grand duel où la partie était au moins égale; qu'il fallait s'y préparer comme des hommes et non comme des enfants, admettre la dé faite comme possible, chercher à la venger avec la résolution du désespoir, et non hurler dans les cafés, dans les spectacles, sur les boulevards, ces fameux chants qui, disent les journaux, *valent une armée*. Nous verrons bientôt les Parisiens, sur les remparts, dans des sorties, en rase campagne, faisant la grande guerre; nous verrons s'ils savent faire autre chose que tirer sur les sergents de ville et faire des barricades. Je souhaite qu'il en soit ainsi, mais j'ai bien peur du contraire... Les Prussiens, d'ailleurs, vont bloquer Paris et l'envelopper dans un cercle de fer qu'il faudra rompre, sous peine de mourir de faim.

Il est clair, à mes yeux, que les gens honnêtes eussent conservé la Chambre comme le seul pouvoir réel et sérieux pouvant représenter le pays. Quoique bien molle et bien peu courageuse, elle eût été mise en demeure de nommer un gouvernement provisoire qui seul aurait eu une autorité réelle. Mais, pour cela, il eût fallu une majorité décidée à résister, une minorité songeant à autre chose qu'à savourer ce poison enivrant qu'on appelle le pouvoir. Il fallait aimer son pays plus que sa personne, et c'est ce que les onze dictateurs n'ont pas compris.

Pour moi, cette triste comédie a duré trois

jours; car, à dater du 10, je n'ai plus reçu une lettre ni un journal; les communes s'administrent d'elles-mêmes, et les préfets, que l'on envoie pour placer les frères et amis, disparaissent dans la tourmente de l'invasion.

Le lundi 5 septembre, je vis que les minutes pressaient et je me décidai à faire les élections de la garde nationale, parade inutile et ridicule, mais bonne à jeter en pâture à ces esprits futiles. Toute la journée se passa dans cette occupation si importante; on ne pensait plus aux Prussiens. Les petits amours-propres étaient en jeu; à mon étonnement, on a nommé presque à l'unanimité capitaine et lieutenant mon régisseur et un employé de la maison, signe de sympathie pour le château auquel j'aurais été sensible dans un autre temps. Mon esprit, hélas! était ailleurs; après l'élection, j'annonçai aux habitants la République; elle fut reçue sans un mot, sans un vivat, froidement et avec distraction.

Après l'élection des chefs (il y en avait autant que de soldats), on s'occupa d'organiser des patrouilles de nuit. Pourquoi, bon Dieu ! Parce que, les autres communes le faisant, ce peuple de Panurges veut le faire. Dix malheureux se condamnent à veiller toutes les nuits, à faire des rondes, à crier qui vive, en un mot à jouer au soldat contre un ennemi imaginaire. Quand viendra le vrai, on est d'avance décidé à rentrer chez soi !...

Le 6 septembre, pour compléter la comédie, je reçus de Rosoy 70 fusils... Mais, quels fusils! et quelles mains pour les porter ! Je les fis immédiatement déposer à la mairie ainsi que les cartouches (900, s'il vous plaît), prévoyant le jour où ils feraient un feu de joie entre les mains des Prussiens.

Nous avons encore les journaux ; c'est la seule lecture à laquelle je puisse prendre intérêt. Vos lettres nous arrivent aussi, mes chers enfants, et nous les dévorons.

A dater du 10, toute correspondance fut interrompue; mais, plus tard, à force d'industrie, nous nous fîmes, par les départements non envahis, un système de communication pédestre très-incomplet, mais bien précieux.

Le 10, révision et tirage à Rosoy; quelle décomposition ! Pour préfet, un petit jeune homme imberbe qui n'est qu'un conseiller et qui se laisse traiter de premier magistrat. Pas de général, pas de colonel; un vieux major de gendarmerie les remplace. Je ne retrouve qu'un capitaine de recrutement que nous avions vu à Lumigny trois mois avant, lors de l'autre révision. Il me serre les mains avec effusion et les larmes aux yeux. X... et X..., les parvenus de la veille, savourent la jouissance de leurs nouvelles dignités avec une exubérance de gaieté à peine convenable. Quant à nos pauvres jeunes gens *in naturalibus*, ils n'ont pas l'air de comprendre qu'il est bien extraordinaire de faire une révision dans une salle qui, demain, sera occupée par l'ennemi. On n'est pas triste, on n'est pas gai; on n'entend pas un cri de Vive la République! Le soir on boit un peu, on ébauche quelques Marseillaises, mais au fond, calme parfait, et, en somme, grande indifférence.

La même cérémonie a eu lieu le même jour, à trois heures de l'après-midi, à Coulommiers; il paraît que l'on était plus nerveux. Les Prussiens devaient arriver le soir; les nouveaux parvenus de la démocratie ne riaient plus. Le bureau acceptait l'idée de mourir sur sa chaise curule, mais préférait s'en aller; on bâclait la besogne. Chacun a pu partir à temps!...

Le 11, j'allai dans les bois de Chaubuisson et à l'étang de Guerlande, visiter les établissements que les paysans affolés viennent d'y construire. Rien n'est plus lamentable et plus curieux. On entre dans une enceinte, et guidé par des sentiers battus et peu mystérieux, on arrive à des coupes sombres où s'élèvent de grandes huttes formées de tous les baliveaux abattus et recouverts de branchages ou de paille. Ces huttes sont longues de 20, 40, 50 mètres, et dans l'intérieur sont alignés des lits sur deux rangs; entassés pêle-mêle sont des troupeaux, des voitures que l'on a fait entrer, Dieu sait comme! du fourrage, des provisions de toutes sortes. On construit un four pour le pain, on creuse un puits pour l'eau; en un mot, c'est le campement des sauvages de Cooper.

Je tenais à voir moi-même ces établissements que plusieurs m'avaient demandé la permission de construire, afin de conserver une apparence de droit en concédant de bonne grâce et même avec empressement ce que leur envahissement m'avait imposé. D'après les calculs approximatifs, il doit coucher dans mes bois au moins 1,500 personnes et 3 ou 400 vaches ou chevaux. Vous jugez du désastre pour les arbres ; c'est un gâchis incalculable.... mais passons. J'ai réconforté tous ces pauvres gens. J'ai tâché de leur faire sentir qu'ils avaient pris une mesure détestable : certainement leur position serait connue et pourrait devenir très-critique, si l'ennemi, inquiet de trouver leurs maisons vides, se mettait à tirer dans les bois pour les faire sortir comme des blaireaux de leurs terriers!.... Je ne pus convaincre ces malheureux. Je voudrais me tromper, être assuré que ce refuge leur sera utile. Ce dont je suis au moins certain, c'est que les bois sont dévastés, mais dans un pareil naufrage ces accidents passent inaperçus....

En rentrant, j'apprends que nous allons courir un nouveau danger. Un petit parti de franc-tireurs, 200 environ, rôde dans le pays; ils passent la nuit à Rosoy. Leur chef est un ancien militaire, qui est forcé d'avouer que ses soldats sont impossibles, sans tenue, sans conduite, sans discipline. Ils consentent bien à se battre, mais à obéir, jamais! Et les droits de l'homme, donc!

Pendant la nuit du 11 au 12, à deux heures du matin, on frappe discrètement à ma fenêtre :

émotion ! C'était le garde champêtre qui venait m'annoncer que les francs-tireurs étaient campés à la Maltournée près Régny. Des vedettes, allongées au fond d'un fossé dans une attitude menaçante, s'étaient précipitées sur lui comme des furieux. Hélas! au bout d'un instant, tous, gardes, vedettes, soldats, officiers, arrière-garde, attablés dans un cabaret, stimulaient leur patriotisme par des libations copieuses. Maintenant que l'armée est prisonnière, c'est sur ces gens-là qu'on compte pour sauver la France! Le seul résultat de leur belle équipée sera de nous faire massacrer, s'ils se livrent sur notre terrain aux menaces d'escarmouches dont ils émaillent leurs promenades. Ces hommes à plumets et à ceintures ornées de revolvers savent parfaitement que l'ennemi ne voyage pas la nuit, et quand ils arrêtent un paysan en blouse, ils ne peuvent pourtant se persuader qu'ils ont barré le chemin à l'armée prussienne. Pour faire une bonne troupe de francs-tireurs, il faut avant tout des gens d'un courage éprouvé, d'une finesse et d'un silence de braconniers, qui tombent sur l'ennemi campé ou en marche, tirent peu et très-juste, disparaissent et reparaissent à tout instant. Il faut n'opérer que sur une contrée dont on connaît chaque buisson, où le pays tout entier s'en mêle, et où le partisan, traqué par l'ennemi, est assuré de trouver partout une retraite. Toutes ces qualités manquaient absolument à nos visiteurs, produits bruyants du boulevard.

Le 12, nous apprenons l'entrée de l'ennemi à Coulommiers. Comme dans toutes les villes de quelque importance, trois hommes se sont présentés au pas, le pistolet tendu. Après avoir fait en silence le tour de la ville avec un sérieux imperturbable, ils sont allés chercher un peloton de trente cavaliers environ, ont couru à la poste d'abord, puis au télégraphe, à la gare et enfin à la régie de tabac. Ils ont pris là tout ce qu'ils pouvaient charger sur une voiture, et remplissant en outre leurs poches de cigares, ils ont offert à la foule ce qu'ils avaient de trop. Cette population qui les entourait dans le silence de la stupeur a reçu avec reconnaissance cette aumône provenant du vol.

Comme je l'ai dit plus haut, à dater du 10, toutes lettres, tous journaux avaient cessé; la dernière lettre que j'ai reçue est celle où mes enfants me souhaitaient ma fête. Quel anniversaire ! Nous sommes comme un équipage sur un radeau qui sombre tout doucement. L'eau monte, monte ; encore un peu elle gagnera la tête et le silence se fera.

Le 13 restera éternellement gravé dans ma mémoire. Vers deux heures, on vient me dire que Nesles est occupé ; je rentre pour l'annoncer à votre mère. J'étais debout devant elle, dans cette chambre que vous connaissez bien, regardant la campagne, lorsque tout à coup je pousse une exclamation... Un nuage, une vision passe devant moi comme la tempête : Les voilà ! m'écriai-je. En effet, le long du saut de loup passe comme la flèche un groupe de cavaliers ; je n'en saisis pas le nombre et je me précipite au dehors. Déjà ils étaient à la grille d'entrée. C'étaient des hussards de Silésie, dolman vert soutaché de jaune, talpack de fourrure de renard. En me voyant, ils remettent leur sabre au fourreau. L'officier, jeune homme de vingt-cinq ans au plus, l'air décidé et assez impertinent, me dit qu'il est envoyé par ses camarades pour chercher un lot de vin de Champagne et de vin de Bordeaux, et il me demande une collation pour lui et ses hommes. J'ouvre la grille et, la mort dans l'âme, je fais entrer ces insolents étrangers dans mon jardin. Ils étaient huit en comptant leur officier; avec la foule qui bientôt sortit comme de dessous terre, il eût été facile de les assommer. Mais à quoi bon! l'inondation n'eût été différée que de quelques instants.

Les voilà donc dans la cour, descendus de cheval; les soldats assis sur les bancs où se passaient si tranquilles nos après-déjeûners, à côté des orangers que broutent les chevaux des vainqueurs. L'officier devant lequel j'étais, muet et glacé, demande une chaise et s'établit assez grossièrement devant votre mère qui lui parle allemand, quoique son français à lui fût fort intelligible. Je ne pus m'empêcher d'être frappé de l'audace de ce jeune homme, qui, assez loin de ses soldats, était assis tranquillement au milieu de quarante personnes qui pouvaient le terrasser et l'écraser en un clin d'œil. Je dois dire qu'il ne manifestait aucune émotion, dégustant en connaisseur les vins, trouvant le vin de Bordeaux bon (merci!) et le vin de Champagne mauvais (tant pis!). En conséquence, il ne diminue pas sa réquisition de vin de Champagne; mais il augmente celle de vin de Bordeaux. On lui sert à la hâte quelques côtelettes à peine cuites, il me fait l'honneur de m'inviter à boire avec lui, honneur que je décline en lui tournant le dos : « Ah, vous ne voulez pas boire avec LE PRUSSE, dit-il en ricanant, rajoutez trois bouteilles. » Mais on voyait qu'il était pressé : « *Schnell* ! » disait-il sans cesse à ces hommes. Il fallait une voiture pour emmener le butin ; je désigne deux domestiques pour emmener la carriole et porter la boisson dans le camp. Mes gaillards alors remontent à cheval et partent comme le vent. C'est donc accompli : nous sommes conquis! Je tombai abîmé sur une chaise, et des larmes coulèrent silencieusement sur mes joues.

Mes inquiétudes étaient grandes pour les deux hommes partis avec la carriole, heureusement ils revinrent au bout de quelques heures, sans avoir été maltraités. Ils avaient trouvé le camp à Maupertuis et avaient été fort bien reçus en raison de leur marchandise. J'ai su depuis que la précipitation de ces soldats tenait à ce qu'ils étaient en pleine maraude. Du camp de Maupertuis, ils avaient été envoyés à Rosoy en correspondance et en passant par Régny, ils avaient demandé ce qu'était ce grand château qui avait si bon air de la route. Naturellement, les paysans de s'empresser de leur dire qu'il était habité, et de leur en indiquer le chemin. Ils étaient accourus faire un petit coup, mais en prenant leurs précautions. Ils avaient fait faire le tour du parc par deux hussards qui, pendant toute l'occupation, sont restés en vedette à l'entrée du village, près de la Sablière, pour, au premier coup de feu, donner l'alarme au camp situé à une lieue de là. Vous pensez bien que la soirée fut ici très-agitée ; presque tout le village était venu bêtement pour voir les Prussiens et restait là, ébahi, immobile. Les pauvres gens ne comprenaient pas encore de quelles misères c'était le prélude.

Le 14, vers midi, deux cavaliers au pas apparaissent le long du Saut de Loup ; je cours à la grille et j'attends. Ils arrivent à moi, passent en saluant et disparaissent. Un instant après, j'entends un galop de chevaux et je vois arriver, à travers la plaine du Gué, un groupe assez important de hussards, la carabine tendue. Ils demandent ce qu'étaient les deux cavaliers et leur uniforme. Ils les prenaient pour des gendarmes français ; hélas ! ils sont bien loin nos gendarmes ! Ayant reconnu leur erreur, ils retournent sur leurs pas, en se dirigeant sur Rosoy. A cinq heures, deux nouveaux dragons bavarois passent devant la grille, demandant le chemin de Lumigny et Pezarches. Ce sont deux tout jeunes gens à l'air doux et triste. J'apprends que dans le village ils ont été entourés par la foule, et que les plus mauvais sujets du pays qui, avant l'invasion, parlaient de manger tout le monde, et depuis la République portaient la tête haute en roulant de gros yeux, les ont accablés de prévenances, de poignées de main et de verres d'eau-de-vie! Le soir, à 10 heures, autre passage de deux hommes; un autre à 3 heures du matin. Ceux-là s'arrêtent chez l'aubergiste, frappent à la porte avec autorité, mais sans fracas, demandent à boire et se retirent sans la moindre précipitation.

Je trouve très-courageuses et très-hardies ces patrouilles de jeunes gens de vingt ans, faites en plein pays ennemi, avec un tel calme et une telle sûreté d'informations. Chaque homme une portion de carte, et par écrit le nom des villages où il doit passer. Tout officier a la carte de l'état-major français; il en copie une partie pour les hommes d'avant-garde, et ces éclaireurs précèdent la marche de l'armée de deux jours, enfants perdus et sacrifiés à la mauvaise inspiration d'un coup de tête, circonstance qui, je dois le dire, ne s'est pas une fois présentée dans nos environs.

Le 15, je reçois de mauvaises nouvelles de Rosoy. Le 12, un premier passage avait eu lieu; le 13, première colonne d'infanterie, un prince bavarois, le tout très-supportable; la ville pouvait encore satisfaire aux exigences. Mais le 14, inondation de 6000 bavarois, grand tapage : le pauvre F..... aux abois est menacé, dit-on, d'être fusillé. Là commence la fureur des soldats contre les maisons abandonnées, qui sont fort nombreuses; ils enfoncent les portes, cassent tout et cherchent les cachettes qu'ils finissent toujours par découvrir. Alors ils se livrent à un vrai pillage d'autant plus coupable, que les chefs pourraient parfaitement l'empêcher. Ils ont un grand empire sur leurs soldats; mais, pour eux, la pauvre France est une proie à dévorer.

Ce même jour, 15, je remplis un triste devoir. Au moment de l'approche de l'ennemi, une smala de gens de Quincy, près de Meaux, était venue se réfugier à Lumigny pour fuir l'invasion. Pourquoi Lumigny? Ils disaient que nous ne sommes pas sur la route, et puis, et puis.... que Lumigny serait respecté ! Cette tribu, composée d'au moins vingt-cinq personnes, hommes, femmes et enfants, était chez un parent avec meubles, chevaux et farine. Le matin du 15, on vient me dire qu'une des femmes, mère d'une nombreuse famille, est morte de la petite vérole noire et qu'il faut l'enterrer de suite. Vous jugez du saisissement général ; à la guerre s'ajoute la peste et bientôt la famine ! rien n'y manque. J'avoue que cette nouvelle me fit un effet lugubre. De plus, cette femme était protestante et il me fallait moi-même présider à son enterrement. J'y vais donc, je suis d'abord effrayé de la rapidité avec laquelle on a procédé à son ensevelissement. Mais, à la première observation que j'en fais, je vois à la figure terrifiée des habitants du pays, des membres de sa famille même, que je ne puis insister. D'ailleurs, le médecin a lui-même recommandé de se hâter. C'était cependant bien prompt, oh ! bien prompt, et toutes les histoires atroces d'inhumations précipitées me reviennent à la mémoire et me font frissonner. Enfin, je demande à Dieu d'avoir pitié de nous, et je donne l'autorisation de mettre dans la bière ce pauvre corps que je voyais pour la première fois enroulé dans un linceul. Nous partons pour le cimetière, tristement, sans croix, sans prêtre, sans prières, et je jette la première pelletée de terre sur cette malheureuse qui était venúe, loin de ses foyers, chercher ici le repos. Elle y a trouvé le repos éternel !

Quand je revins du cimetière, j'étais impatiemment attendu. Une réquisition arrivait, exigeant blé, avoine, fourrages; il fallait trois voitures, des chevaux, des conducteurs; c'était là le difficile. Personne ne voulait partir; on parlait de gens emmenés depuis Châlons, depuis Reims; les femmes se cramponnaient à leurs maris; triste spectacle ! Enfin, je réussis à former le convoi, je donne la pièce aux charretiers et ils partent pour Rosoy. Le soir même j'ai le bonheur de voir revenir hommes. chevaux et deux voitures; quant à la troisième, elle est restée chargée. Mais comme on a autorisé le cocher à dételer, il s'est hâté de le faire, abandonnant le véhicule que nous ne reverrons jamais. Je dois vous dire que pour toutes ces réquisitions je fais toujours partir la vieille jument blanche poussive, dite Ramona, et la grise, dite Rosalie, intéressante personne sujette aux coliques; plus le *cheval des fourmis*. Il faut faire au feu la plus petite part possible, et ces braves animaux ne représentent pas à eux trois un grand capital.

Le 16, dès le matin, commence sur la route de Coulommiers à Fontenay, qu'on voit si bien du salon, un de ces longs et interminables passages dont je n'avais aucune idée. Je ne puis les comparer qu'à ces ruisseaux de chenilles qui, certaines années, inondent les bois, passant par phalanges serrées sur les routes et grimpant aux arbres sans aucune interruption....

L'écoulement est lent, régulier, presque sans intervalles, des bagages, des voitures, des troupes; elles descendent par Coulommiers et Rosoy. J'aperçois d'immenses machines dont je ne me rends pas compte; j'apprends que ce sont des équipages de pont. Et tout cela passe lentement, sans se détourner; depuis deux jours nous ne les voyons que de loin et comme à travers une lanterne magique; le défilé dure six, huit heures par jour. Hier et avant-hier, il a couché 500 hommes à Ormeaux; jusqu'à présent notre situation géographique, un peu à l'écart de la route militaire, nous préserve; aussi les habitants de Lumigny, de l'affolement des premiers jours passent-ils, avec la mobilité humaine, à une confiance exagérée et ridicule en notre château, auquel ils attribuent je ne sais quelle protection mystérieuse. Mais ce qui les ravit commence à rendre jalouses les autres communes. Patience! chacun aura son tour; je le crois et je le désire, car dans de pareils malheurs nul ne doit être épargné!

Comme je m'y attendais, les rumeurs les plus folles, les plus absurdes commencent à circuler; néanmoins elles dépassent en sottises ce dont je croyais l'esprit humain capable, et Dieu sait cependant si j'en ai une haute idée. Je vous les redirai toutes parce que ce sera un des faits les plus curieux de cette guerre, que de voir jusqu'à quel point nous avons poussé les illusions de la vanité et de l'orgueil.

Or donc, on répand ici sérieusement le bruit que Bazaine, échappé avec toute son armée, marche sur les derrières de l'armée prusienne; il est à Sézanne, il est à Coulommiers, demain il sera ici. On va même jusqu'à dire que mon cher Albert est entré à Paris avec son général. Peut-on torturer ainsi le cœur d'un père et le forcer à hausser les épaules à l'annonce d'une nouvelle qui le ferait bondir de joie, si elle avait seulement une ombre de possibilité.

On affirme aussi que Garibaldi est à Ozouers-la-Ferrière avec 60,000 hommes. Et les braves gens de se réjouir et de s'écrier : « les voilà entre deux feux; ils vont être brisés; il n'en reviendra pas un ! »

Nous recevons mystérieusement trois vieilles lettres de vous, mes chers enfants; l'une d'elles m'apprend que Robert est décidément à Rouen auprès du général Gudin; le ciel en soit loué; je l'aime mieux là qu'à Paris, et puis il est à sa place d'ancien officier; or, dans cet affreux gâchis il faut chercher le poste que le devoir vous désigne et y rester. Une position dans ces corps hétéroclites, affublés de noms de mélodrames, ne convenait nullement à sa nature droite, et je suis heureux de le voir reprendre cet uniforme de l'armée régulière où il a laissé de si bons souvenirs.

Dans une lettre de ma belle-mère, nous voyons que Bernard part avec des amis pour le bord de la mer; encore un de mes enfants jeté au loin par la tempête. Combien, au reste, je dois de remercîments à la Providence pour tous les secours qu'elle m'envoie dans la dispersion de ma nombreuse famille, et que de dettes de reconnaissance je contracte! puissé-je les acquitter comme je le voudrais!

La nourriture commence à se ressentir de la dureté des temps; on ne peut guère aller à Rosoy; d'ailleurs on n'y trouverait pas de viande. Nous mangeons du pain très-rassis; nous vivons particulièrement de nos poulets et de lapins que je fais fureter dans le parc. C'est une grande ressource que je ménagerai avec soin. Je ne sais si je vous ai dit que, comme les chefs d'armée, j'ai opéré ma concentration. *Louis B*...., en qui j'ai une confiance que ces temps difficiles ne font qu'augmenter, est venu avec sa famille loger au château. Un autre garde, bien isolé à Chaubuisson, est venu prendre possession de la Bectarderie. De la sorte, dans un cas donné, je peux assez vite réunir ce que j'ai de monde. Tous les soirs, quatre hommes sont de garde; deux veillent à tour de rôle; car il faut aussi bien se garder contre les maraudeurs que contre l'invasion nocturne d'une colonne.

Le 17, après une matinée employée à regarder le monotone passage des chenilles sur la grande route, j'ai reçu un exprès de M. de C...., me demandant en toute hâte de l'argenterie, du vin et un domestique pour servir huit officiers qui lui tombaient sur les bras, accompagnés de deux ou trois cents hommes avec autant de chevaux. C'est un détachement d'artillerie. Le repas s'est passé convenablement ; plusieurs parlaient français ; ils ont dit que le roi Guillaume était à Meaux et le prince royal à Coulommiers !.... Jules Favre serait allé à Meaux pour essayer de traiter et de sauver Paris. C'est la France que je voudrais sauver, car ne songer qu'à Paris, rien qu'à Paris, en ce moment, c'est plus qu'une faute, c'est une mauvaise action. Pour moi, je suis tout aussi navré de savoir quinze départements envahis que de la perspective de voir les Prussiens se promener sur le boulevard. Du reste, le roi de Prusse, ivre de victoires et d'ambition, veut aller jusqu'au bout et y entrer en vainqueur. Je comprends son désir ; on ne soulève pas un pays entier comme il le fait aujourd'hui pour le sien ; on n'émigre pas avec un million d'hommes pour s'arrêter à la porte de la terre promise. Ce qui me paraît fou et impolitique, c'est la prétention qu'il a de prendre la Lorraine et l'Alsace. Ce petit coin de terre ajouté à l'immense empire d'Allemagne qui va sortir de cette guerre lui créera des difficultés inouïes ; ce sera une Pologne attachée à son flanc et une menace de guerre perpétuelle que notre génération irritée et froissée léguera à ses enfants.

La France, dévastée, ruinée pour dix ans, écrasée par des frais de guerres énormes, peut s'avouer vaincue et gémir en silence ; mais, démembrée et frappée au visage, elle ne l'oubliera jamais, et chacun de nous donnerait la moitié de ses revenus pendant vingt ans pour préparer le jour de la revanche. C'est la folie de l'empire universel que rêve la Prusse, comme jadis Napoléon ; puisse ce second rêve avoir la même fin !....

Le 18, apparence de calme ; le passage des chenilles continue sur la grande route ; mais on a vu les drapeaux de l'ambulance sur des voitures. C'est, sans doute, la fin ; il y aura encore de petites queues, mais le gros est passé, et on se frotte les mains, moi comme les autres. J'envoie un homme à Rosoy pour tâcher de décider M. G... et M. de..... à venir dîner avec nous ; il y a si longtemps que nous n'avons pas vu de visages amis ! Ils nous répondent qu'ils viendront, mais voilà qu'on annonce une immense colonne (20 000 hommes, c'est beaucoup) entrant à Rosoy, naturellement pas de voisins!

On m'apprend, au village ,que le maître d'école de Guérard vient d'arriver, meurtri et ensanglanté. Croyant peu aux rumeurs, je cours le trouver. On m'avait dit la vérité; trois mille hommes étaient arrivés à Guérard; les choses se passaient assez bien, lorsque, par un concours bizarre de circonstances, que je ne *veux* pas approfondir, un officier entre dans l'église; il aperçoit des fusils mal dissimulés. Sans rien manifester, il va négligemment demander au maire s'il n'a pas d'armes; celui-ci jure ses grands dieux que non. « Venez les voir, s'écrie le terrible officier en roulant de gros yeux derrière ses lunettes et en le traînant à l'église. C'est bien là tout, n'est-ce pas? — Oh! oui, répond le maire avec l'accent de la vérité. — Montez au clocher et vous trouverez cent autres fusils. — Hélas! ils y étaient. — Maintenant, les munitions. — Oh! pour le coup, nous n'en avons point. On va droit au cimetière où on les trouve enterrées.

Alors les officiers, furieux, font attacher le maire et le maître d'école (pourquoi ce dernier?) et, après des coups et des injures, les menacent de les fusiller. Ces malheureux restent ainsi quatre heures garottés, attendant la mort ; puis, par une lubie de forme, ils rendent la liberté au maître d'école et emmènent le maire au quartier-général. Il est parti, bien parti ; la terreur est dans Guérard, et vous pensez que ma chère femme, à la vue de ce traitement infligé à l'officier civil tremble pour les jours de son mari. Le château de notre ami B..... a été naturellement très-habité; on me dit qu'on y a bu tout le vin et pris les habits du propriétaire. Cette aventure de Guérard a fait beaucoup de bruit, car elle est la première qui ait eu lieu dans les environs. On a crié à la délation et à la trahison. C'est le mot d'ordre général. Cette fois la rapidité avec laquelle les cachettes étaient découvertes semblait donner un corps à ces rumeurs. Mais, excepté l'entrée de l'officier dans l'église, qui n'a pas été expliquée, le reste allait de soi. Ce malheureux clocher, qu'on croit si mystérieux, est connu depuis soixante ans pour servir d'asile aux fusils ; on en cachait déjà là en 1814, et la perquisition était indiquée. Quant au cimetière, j'ai su que c'était aussi le réceptacle régulier des munitions. Étant donnée la découverte des fusils, la recherche des munitions en était la conséquence. Une fois entrés dans cette voie, ces dépisteurs qui, depuis un mois, ne faisaient pas autre chose, se sont vite servis des indices les plus élémentaires, tels que traces de pas, terre fraîchement remuée, pour arriver d'une probabilité à une certitude.

Les bruits sur Garibaldi recommencent de plus belle; seulement on leur donne une forme plausible. On parle de son entrée à Paris et de la réception triomphale qui lui a été faite. Cela est très-possible, et cet histrion vaniteux, ce héros de mélodrame, est bien capable de s'être donné cette petite scène. Il vient offrir à la République française son appui physique et moral. Quel cortége de fra Diavolo il va nous amener !

Nous sommes plus que jamais sans nouvelles, sans gouvernement, sans police, sans gendarmes, sans percepteur, en un mot nous avons l'idéal de mon ami L. R..... C'est très-joli; mais en attendant, pas d'échanges, pas de recettes, pas d'impôts perçus, et, par conséquent, pas d'emploi rétribué. Curé, instituteur, garde champêtre, cantonniers, qui paiera tous ces gens, et comment jusque-là vivront-ils? Et nous tous, quand nos économies seront épuisées, de quoi vivrons-nous? Ma fameuse ceinture de 1848 entre en scène; elle fait, comme la bourse de Topfer, une grimace de mauvaise humeur, chaque fois qu'on la chatouille. Jusqu'ici elle crie encore avant qu'on ne l'écorche, et elle me coupe les reins, car je ne la quitte plus. Enfin, si, avec la grâce de Dieu, mes chers enfants sortent sains et saufs de ces désastres, je fais bon marché de mes embarras personnels.

On m'assure qu'on entend le canon; moi, je n'entends que les coups de fusil des braconniers, qui s'en donnent à cœur joie. Il fait un temps admirable, pas un nuage au ciel depuis quinze jours; ces belles journées de septembre font mal au cœur. Je repasse en mon souvenir toutes mes années de chasse, comme les vieux trappeurs d'Amérique; les premières, toutes ardentes du feu de mes vingt ans; puis cette longue série d'automnes doucement passés entre Fontenay et Lumigny, où j'étais entouré d'une famille s'accroissant sans cesse. Je repasse votre enfance à tous, vos joies, qui étaient les miennes, ces soirées de musique, ces matinées de dessin, cette vie de campagne sans un nuage, sans un jour d'aigreur,

Et, lorsqu'après avoir évoqué tout ce passé, je n'entends que le silence, je ne vois que la solitude, un long et profond soupir me serre le cœur. Je ne peux rien lire, à peine puis-je penser et écrire ceci...

Le matin, au réveil, je cours à la fenêtre, pour voir défiler cette interminable invasion, et je m'habille en hâte, pour être prêt à tout. Nous déjeunons rapidement, puis nous passons la journée entre le village, la grille et l'inspection des routes; j'interroge les rares passants; j'écoute les nouvelles incohérentes que chacun apporte; le récit de toutes les douleurs, des pillages, des violences de toute sorte.

Le feu à été mis à Morcerf, et le maire et le curé emmenés prisonniers; Coulommiers succombe sous le poids des réquisitions; la ferme de Chaubuisson, abandonnée par le fermier, a été mise au pillage; il ne reste plus qu'une poule, si agile qu'elle a lassé le courage des envahisseurs. Fontenay surtout est bien abîmé, on dit le château saccagé et la cave défoncée; les maisons abandonnées sont dépouillées de tout; les cachettes bientôt découvertes et le tout enlevé; mon confrère L... n'a pas un extérieur qui en impose beaucoup, et l'impossibilité de se faire comprendre augmente encore la confusion.

Le 19, G.... et M. de.... viennent déjeuner; ils sont reçus par nous avec joie. A propos de M. de G...., je ne puis m'empêcher d'admirer le courage d'un homme de son âge, qui est resté seul pour tenir tête à l'orage, séparé de sa femme et de ses enfants, rempli, comme moi, d'inquiétudes sur leur sort, et n'ayant personne pour le soutenir. Je lui souhaite de ne pas avoir affaire à des ingrats. Il nous dit que, la veille, le prince royal a passé chez lui avec tout son état-major et s'est arrêté pour se promener dans le parc.

M. le docteur G.... a eu, avec des médecins qu'il a logés, des conversations fort intéressantes. Dans l'armée prussienne, Paris effraie beaucoup les soldats, mais nullement les officiers, qui ne doutent point d'un prompt succès. Ils disent qu'on ne peut se figurer tous les mensonges qu'ont débités nos journaux; la lutte n'a jamais été sérieuse, tant la supériorité du nombre et surtout de l'artillerie était écrasante. A propos de nos mitrailleuses, ils disent qu'elles n'ont de valeur qu'en frappant sur des masses; aussi ne les attaquent-ils qu'avec de l'artillerie ou avec des tirailleurs très-espacés et sans cesse en mouvement. Ils s'attachent à décimer les servants, qui ne peuvent user leurs munitions sur des hommes isolés et masqués par des bois. Lorsque la batterie est désorganisée, ils l'achèvent par une pluie d'obus. Ils ne peuvent comprendre ce que nous avons voulu faire de notre cavalerie; nous ne nous en sommes jamais servis comme de rideau; jamais comme d'éclaireurs, mais seulemeut pour faire des charges héroïques dont l'issue déplorable était certaine d'avance. En un mot, ils reconnaissent une grande valeur à nos soldats, mais ils sont très-surpris de l'ignorance et de l'incapacité des chefs. Pour vous donner une idée de la précision des mouvements de l'armée allemande, ils ont montré à M. G.... leurs cartes, qui sont les nôtres de l'état-major, tirées à des milliers d'exemplaires. Chaque officier en a une pour chaque département, et, le soir, à l'étape, il en copie pour tous ses sous-officiers la partie qui doit servir à la marche du lendemain.

Quant à la politique générale, ces messieurs disent que l'intervention subite de la République est une grande complication pour tout le monde, car jamais on ne traitera avec un pouvoir présentant aussi peu de garantie. — Eh bien ! alors, car il faudra une fin ! — Ils parlent de rétablir la ré gence de l'impératrice ou d'occuper la France jusqu'à l'exécution intégrale du traité. Quel dédale et comment prévoir ce qui pourra sortir de ce chaos !

J'apprends que le maire de Guérard est revenu sain et sauf ; il a été emmené par les Prussiens jusqu'à Montrouge. Ils sont donc sous Paris et le grand drame va commencer. On dit la République proclamée à Rome ; cela devait être. Que fera le Pape? restera-t-il au milieu des honneurs ironiques dont il est entouré ? S'il s'en allait, comme les Italiens seraient attrapés !....

20 Septembre.

Vers midi, étant à mon poste à la grille, je vois arriver par la route du village deux officiers bavarois ; ils avancent pacifiquement au pas ; ils ont au bras l'écharpe blanche des ambulances. Ils m'abordent fort poliment et me disent qu'ils précèdent une colonne composée de cent hommes et de soixante-douze chevaux qui vient loger chez nous. Je décide immédiatement que tout viendra loger au château ; les officiers parlent un peu français et ont l'air convenable. J'organise immédiatement mon affaire; je cours chez le boulanger; je fais tuer trois moutons; on prépare les chambres, et j'attends. Au bout de deux heures, une longue file de voitures apparaît et entre dans le jardin ; il y a quatorze officiers dont plusieurs médecins. Le tout est commandé par un capitaine entre deux âges, blond et l'air complétement inoffensif. Les chariots se rangent dans la cour et je mène chevaux et soldats aux écuries et aux granges. Nos voitures sont mises à la belle étoile ; les remises vont servir de salle à manger et de dortoir pour ce qui ne pourra pas tenir dans le château. Pendant que je disposais ainsi les logements, les officiers avaient fait leur toilette et demandé instamment à être reçus par votre mère dans le salon. La grandeur de la pièce et les fleurs les ont éblouis, et, le dirai-je à ma honte, leur étonnement m'a donné un instant de vanité... On ne dépouille jamais le vieil homme ! A cinq heures, on leur a servi à dîner ; ils ont fait un repas long, très-long, arrosé d'un vin abondant, sans cependant dépasser les bornes. La cour était remplie d'ordonnances, de sentinelles, qui tous me saluaient et me portaient les armes ; je n'ai jamais été tant salué de ma vie. Nous sommes allés votre mère et moi aux écuries pour examiner si les hommes avaient de quoi manger. Ils étaient plus de quatre-vingts, assis devant de longues tables dressées dans les remises. Quel ne fut pas mon étonnement au moment où j'arrivai, de les voir tous se lever et nous faire le salut militaire. Hélas ! hélas ! j'eus le cœur serré en reconnaissant combien le respect était plus naturel chez ce peuple que chez nous. Quand je vois quelles grandes choses fait cette armée, je suis tenté d'en attribuer une partie à ce sentiment si éteint dans notre pays.

Immédiatement après, j'eus la preuve bien remarquable de la différence des éducations. Avec ce convoi étaient venus deux pauvres Français, de la Champagne, emmenés par réquisition avec leurs chevaux, pour conduire une des voitures. Dès que ces braves gens virent la considération dont j'étais l'objet, ils s'accrochèrent à moi et me supplièrent d'intercéder pour qu'on leur rendît la liberté. Je l'obtins en promettant de donner deux de mes chevaux à la colonne : bien grand sacrifice ! Ces gens étaient pénétrés de reconnaissance et je leur fis servir à manger loin des étrangers dans le château même. Je vins les voir pendant leur dîner avec votre mère ; ils devaient être très-heureux et ils l'étaient. Cependant, ils restèrent tranquillement assis, leur casquette rivée sur leur tête, sans perdre un coup de dents. Ils auraient cru s'avilir en répondant à mes prévenances, à mes condoléances par un peu de politesse. Il faut pardonner à ces malheureux ; ils n'ont pas le sentiment du respect.

Les officiers sont revenus dans le salon vers huit heures ; votre mère a causé avec eux en allemand ; ils nous ont dit que la bataille était commencée sous Paris et qu'elle durerait une semaine au plus. Moi, j'étais assis dans un coin, fatigué, anéanti, humilié de voir ce salon envahi par des étrangers, n'ayant rien à leur dire et rien à leur reprocher que d'être là. Ils se sont retirés peu à peu ; nous avons fait alors notre petit dîner bien silencieusement et comme des prisonniers.

21 Septembre.

Le lendemain, de bonne heure, tous étaient aux fleurs et aux serres qu'ils visitaient ; ils semblaient étonnés de voir un château habité, après avoir parcouru tant de contrées abandonnées. Parmi ces jeunes officiers, un seul paraissait assez malhonnête et eût été impertinent s'il n'eût été contenu par ses chefs. Il se faisait monter dans sa chambre une bouteille de vin toutes les heures; mon domestique, plus jeune et moins patient que moi, envoyant à la fin promener son ordonnance, vint me déclarer qu'il ne lui donnerait plus rien. Je ne regrettais pas mon vin, mais je craignais les querelles et surtout l'ivresse. J'en parlai au capitaine qui, avec un geste d'impatience, monta chez le jeune homme et lui administra une semonce qu'on entendit d'en bas. Enfin, l'heure fixée pour le départ arriva : lorsque tous les officiers défilèrent devant moi, deux grosses larmes coulèrent de mes yeux. Le capitaine me fit un geste de profonde et stérile sympathie et le convoi s'ébranla... J'avais donc subi sous mon toit la profonde humiliation de la conquête. J'en ai senti toute l'amertume, mes chers enfants; c'est un affreux moment et je remercie Dieu de vous avoir épargné ce spectacle. Lorsque j'allai dans le jardin, pas une fleur n'était dérangée, pas un gazon foulé; mais mon cœur était atteint bien cruellement....

Mes occupants n'étaient pas partis depuis deux heures, que l'on m'amène deux soldats d'infanterie prussienne, casque à pointe, aigle à deux têtes, etc.... Ils font partie d'une petite bande de douze fantassins malades, égarés et demandant une voiture pour aller à Tournan. Je cours au village où je trouve les autres hommes dans un assez piteux état en effet : du reste, la population les entoure de prévenances et... leur donne à boire!... Désirant m'en débarrasser, je décide un fermier à me donner un cheval et je prête une voiture, mais voici que le conducteur manque (tous mes hommes sont avec les bavarois). Personne ne veut partir. On ne craint pas précisément la mort, mais on craint, avec assez de raison, le sort de ces malheureux paysans de la Champagne et de la Lorraine que nous voyons traîner tous les jours comme convoyeurs. Enfin, un homme courageux se décide et emmène cette charrettée d'écloppés.

En passant près des Cinq-Arpents, il aperçoit dans les prés de Baloquin un campement d'un millier d'hommes. J'ai su que c'était une colonne égarée qui avait débouché de la route Charlotte au grand étonnement des laboureurs, lesquels dans ce petit coin perdu, loin de toute route carrossable, se croyaient à l'abri de tout passage. Je me hâte de dire que mon conducteur est revenu le soir sain et sauf, ainsi que les deux chevaux.

Après avoir embarqué les malades (qu'on appelle ici des blessés, cela fait mieux en temps de guerre), je revenais au château, rompu par toutes ces émotions, lorsqu'on me rappelle en toute hâte au village. J'y cours et je me trouve au milieu d'un interminable convoi descendant sur Marles sous la garde de quelques cavaliers. J'étais à la porte de la mairie attendant notre sort, quand je vis à ma grande joie que nous n'aurions pas la charge de les héberger. Un des cavaliers s'arrêta pour me parler et, me montrant l'église d'un œil attendri, tira une médaille de sa poitrine, me faisant comprendre qu'il était Polonais, point ennemi des Français, catholique comme nous et notre ami au fond du cœur. Hélas! ce grand signe du catholicisme qui fit si longtemps notre puissance, les étrangers le croient encore notre drapeau et ne savent pas tous les efforts que les révolutionnaires font pour arracher de nos cœurs les derniers vestiges de la foi.

Touquin et Ormeaux, tout de bon furieux contre nous, disent que j'ai des intelligences dans le camp ennemi, et que, par des signaux, je les détourne de Lumigny. Ces soupçons aussi odieux que ridicules ont quelque chose de navrant et qui découragerait de se dévouer pour un pays qui accueille d'aussi sottes rumeurs. J'avoue que quelque habitué que je sois à l'ingratitude des hommes, de pareils soupçons me brûlent comme un fer rouge. Ainsi, lorsque j'ai donné à mon pays ce que j'ai de plus cher au monde, le sang de mes enfants, il y a des misérables assez sots pour croire que je puis songer à sauver mon mobilier. C'est une grande épreuve que Dieu m'envoie, je tâcherai de la supporter avec résignation...

Cette journée avait été assez remplie, et nous venions d'achever notre modeste dîner lorsqu'on vient mystérieusement m'annoncer qu'il y a là, sous la voûte, deux turcos qui me demandent asile. Deux turcos! vous avez bien lu. Est-ce possible!... Depuis huit jours nous sommes environnés de cent mille Prussiens, et des turcos se hasardent dans cette fournaise! Mon esprit sceptique se refusait à y croire; j'allai les voir. C'était bien des turcos; leur type arabe ne trompe pas; vêtus en paysans, ils avaient sous leur blouse leurs habits d'uniforme. Ils disaient venir de Sedan; oh! pour le coup, c'en était trop. « Comment, disais-je, depuis vingt jours vous marchez au milieu de l'armée prussienne, suivant sa route scrupuleusement; ce matin il y avait cent allemands ici, il y en a des milliers tout autour de nous. » Ces hommes voulaient prendre la ligne de Lyon pour retourner dans leur pays.

— Mais ce n'est pas la route!

Ils couchaient, disaient-ils, dans les bois quand ils trouvaient des soldats ennemis dans les villages.

Mais pourquoi se rapprocher ainsi de Paris, surtout en manifestant le désir de ne pas y entrer?

Tout cela était plus que louche; mais j'avais hébergé et nourri les ennemis de mon pays le matin, je ne pouvais fermer ma porte à des soldats même menteurs et déserteurs comme j'en avais le supçon. Je les fis donc loger au château en leur donnant quelque argent, seulement je les fis surveiller, car ils m'inspiraient peu de confiance. Ma conviction, la voici : ce sont des soldats de l'armée de Paris qui se sauvent. Ils ont dormi comme des souches et je les ai fait mener le lendemain dans la direction qu'ils demandaient. Cette apparition bizarre, la nuit, de ces figures étranges et basanées n'est pas moins un mystère qui m'a laissé rêveur....

22 Septembre.

La marche des chenilles continue sur la grande route depuis sept heures du matin jusqu'à midi ; vers cette heure-là tout finit habituellement. Alors on attend soit l'annonce d'une colonne, soit une demande de réquisition. En effet, vers une heure, il m'arrive une estafette de Rosoy me demandant inq vaches, des couvert ures et du sucre ! Ma secondevachec part; quand j'aurai donné la troisième, on me laissera tranquille. La bonne Reine, leur gouvernante, se désespère, me supplie; rien n'y fait. Je suis parfaitement décidé à me saigner à blanc pour donner l'exemple aux autres. Grand travail que de trouver ces vaches; ce sont des pleurs, des gémissements, qui fendent le cœur, mais il faut bien se décider. Je donne notre dernier pain de sucre, il va falloir s'en priver tout à fait. Adieu thé et café! Émue par cette disette en perspective, votre mère veut absolument faire du sucre avec de la betterave; on se met à l'œuvre et en rapant, pressant, exprimant, cuisant et recuisant on obtient une liqueur noire, gluante, qui ne ressemble en rien au sucre, ni comme couleur ni comme goût. Non, décidément, nos efforts ne sont pas couronnés de succès; mais comme les femmes sont persévérantes, on essaie encore; résultat pire. On obtient un résidu salé. N'importe, nous ne nous regardons pas comme battus. (Je doute de la réussite!...)

Les coups de fusil continuent dans les bois; on sait qu'un des camps de villageois situés près du carrefour Valois est un réceptacle de braconniers. Le garde T..., en essayant une ronde, se collette avec un de ces brigands qui lui met le fusil sur la poitrine et menace de le tuer s'il avance. Ceci devient plus grave. Louis B..., avec sa résolution habituelle, dit que si on laisse de pareils abus s'établir il y aura bientôt dix, vingt, trente, cent braconniers, comme dans les bois de Fontenay où ils règnent en maîtres. Une expédition ne me va guère par le temps qui court, cependant Louis m'arrache mon consentement et organise sa razzia. Il s'adjoint douze hommes armés de bâtons, entoure à bas bruit le camp et fond par tous les côtés à la fois. Il trouve quatre hommes et trois femmes, gens de Lagny, qui sont venus se réfugier chez nous et paient ainsi mon hospitalité. Les gros mots commencent et je crois bien aussi quelques horions, mais nos hommes étaient en force et les braconniers surpris n'avaient pas eu le temps de sauter sur leurs armes. Sommés de les rendre, ils ont dû aller les chercher eux-mêmes sous un tas de fagots. Louis a rapporté trois fusils, dont un de munition chargé à gros plomb. Voilà à quoi, dans tout le pays, ont servi les armes distribuées dans le bel élan d'enthousiasme républicain que vous savez.

On a signifié à mes gars de déguerpir dans les vingt-quatre heures, sinon on reviendra vingt s'il le faut et alors on ne se contentera pas des coups. Cette expédition hardie a parfaitement réussi; terrifiés, ils ont plié bagages et disparu. Voilà donc où nous en sommes réduits : à la loi de Lynch, à la sauvagerie, au règne brutal de la force : parlons donc civilisation et progrès social!

25 Septembre.

Pour ne pas perdre l'habitude des émotions, je reçois le matin l'ordre, venant du canton, d'envoyer le lendemain à Coulommiers quatre-vingts moutons pour la commune de Lumigny. C'est notre lot dans une réquisition de cinq mille de ces animaux, fait pour l'arrondissement. Voilà ce que le prince royal appelait, à Nancy, prendre le superflu à de malheureux cultivateurs, qui vont être ruinés à tout jamais. Car sans vaches et sans moutons, plus d'engrais, plus de culture. Enfin, il faut bien s'exécuter; l'expérience que je commence à avoir de cette vie de déprédation m'a appris que plus on se fait tirer l'oreille, plus on a le cou serré. Les pauvres moutons vont donc partir. Cette immense réquisition est absurde; car il est évident que dans une aussi grande agglomeration d'animaux séparés de leurs camarades et de leurs bergers, le désordre va se mettre; la fatigue, les mauvais traitements en feront périr un quart avant leur arrivée à destination qui paraît être le camp sous Paris.

24 Septembre.

Nous recevons mystérieusement, quoi! deux journaux, le *Français* et la *Gazette*. Ces grandes feuilles de papier me paraissent étranges. Il y a si longtemps que je n'en ai vu. J'y retrouve notre esprit national qui n'a pas changé. Ils sont datés du 16; les Proussiens arrivent sous Paris, mais ils sont battus partout. Les quelques débris de cette armée qui se traînent sous les murs de la grande cité vont être anéantis. Chaque mobile et chaque franc-tireur en tue dix par jour; on s'étonne qu'il en reste encore un; les fossoyeurs ne suffisent pas à enterrer leurs morts!

Il est vraiment fastidieux et désolant de voir

l'intelligence humaine occupée à tromper ainsi un pays jusqu'à la fin. J'ai lu aussi que les bons Italiens vont entrer dans les États du Pape pour... le protéger et le défendre contre les étrangers qui l'asservissent. Il y a une certaine circulaire du ministre d'Italie, qui n'est que ridicule à force d'être impudente. On parle d'un engagement avec les zouaves pontificaux ; inutile protestation de ces pauvres enfants ! Comme vous le pensez bien, je lis et relis ces deux journaux qui ont huit jours de date, et le soir, par un ciel limpide et calme, j'entends distinctement le canon. Voilà donc ce grand événement qui s'accomplit ! le siége de Paris. Dans peu nous verrons si ces fortifications dont on est si fier sauveront la France, ou ne serviront qu'à prolonger son agonie et par conséquent à la plonger dans un abime plus profond.

25 Septembre.

Un dimanche, le soleil, selon l'habitude, se lève sur un ciel sans nuages. Je forme le projet d'aller à la grand'messe au village ; je m'habille et je m'achemine fort calme vers la grille. Mais voilà que passe sous les noyers quelque chose qui brille, c'est un officier et son casque; il a une barbe noire et des lunettes, un uniforme bleu clair; c'est un Bavarois. Nous nous abordons; il m'annonce l'agréable visite d'une colonne, huit officiers, un tas de voitures et... cinq cents hommes, c'est beaucoup; il m'est impossible de les recevoir tous; il faut bien que le village en ait sa part. Sans me donner le temps de rentrer, j'envoie dire à votre mère de tout préparer pour deux cents hommes, puis je cours au village faire des logements. Du reste, je réunis en hâte les membres du conseil que je rencontre, et nous dressons la liste des habitants qui peuvent, sans trop se gêner, héberger les ennemis. Le temps pressait; on tâtonnait. Je déclarai que j'allais tout faire à ma guise, si l'on ne prenait pas une prompte décision. Je vins à bout de ne peser que sur les habitants aisés.

Le clairon retentit au bout du village; voilà la colonne. En tête est un commandant maigre, pas jeune; prévenu par le lieutenant d'avant-garde de mes titres et qualités, il m'aborde fort poliment; il ne dit pas un mot de français, mais depuis plusieurs jours j'ai tant baragouiné d'allemand, que je m'en tire passablement. Toute la colonne fait halte dans la rue du village ; je commence par en détacher deux cents hommes avec tous les officiers que j'envoie au château, puis, mon papier à la main, suivi de tout ce corps, je divise par petits groupes les hommes chez les habitants désignés —*Hier*, *vier*, *acht*, *zehn*, etc... Je remonte ainsi tout le village et arrivé chez les sœurs je leur laisse le reste, soixante-dix-sept. J'installe chez Follope quatre militaires boulangers ; j'en prends deux comme bouchers pour tuer des moutons ; j'en conduis chez le cordonnier pour réparer les chaussures ; d'autres chez le bourrelier pour les buffleteries ; j'avale une tasse de bouillon chez quelqu'un et je rentre au château vers trois heures. Je trouve ces messieurs dans le salon, nettoyés et habillés ; les mêmes, qui dans le village m'avaient traité assez sous jambe, se lèvent tous à mon arrivée et me saluent profondément. Ils dînent à quatre heures longuement et copieusement ; pendant ce temps je retourne au village pour voir comment les choses se passent. Tous les hommes font leur toilette, brossent leur fourniment et, je dois le dire, paraissent fort tranquilles. Je reviens par les écuries ; mes deux cents hommes font leur cuisine sur le gazon ; ils ont creusé des espèces de longues rigoles dans lesquelles des feux sont allumés ; au-dessus sont suspendues toutes les gamelles, dans lesquelles cuisent imparfaitement des morceaux de mouton, de nos pauvres moutons qui bêlaient il n'y a qu'un instant. Après leur dîner, ils se sont mis à chanter en partie ces jolis airs allemands que j'avais tant de plaisir à entendre dans leur pays quand ce n'était pas par des voix ennemies, airs qui maintenant me serrent le cœur.

Les officiers avaient enfin dîné ; impossible de leur échapper, et pendant que je cheminais tristement au milieu d'eux, je ne pus m'empêcher de songer qu'un des jours de cet été je disais à Robert : « Qui sait si dans bien peu de temps je ne serai pas dans ce jardin entouré d'officiers prussiens ! » On me traitait de prophète de malheur ! il est venu ce triste jour. Vers huit heures et demie, je demandai au capitaine un officier pour aller faire la visite de toutes les maisons du village. Je craignais les suites des dîners, les scènes de cabaret, les rixes, tous les excès dont j'entendais parler dans les autres pays. L'officier fatigué n'avait pas grande envie de cette promenade; je l'y décidai cependant, et nous voilà entrant dans toutes les maisons occupées. Les uns dînaient, les autres dormaient déjà, et les habitants ne tarissaient pas d'éloges sur leurs pensionnaires. Oh! faiblesse de l'espèce humaine! ceux qui avaient juré de mourir plutôt que de voir le seuil de leur maison souillé par un Prussien supportaient fort patiemmeut leur présence.

Lorsque je rentrai de cette longue tournée, je trouvai les officiers installés dans la salle à manger buvant et fumant. Ils demandaient de la viande froide, il n'y en avait pas. Je ne pouvais supposer qu'étant sortis de table vers six heures, ils s'y remettraient à huit. Mais, quand oe est vainqueur, on a le droit de dîner deux fois. Je leur fis faire une soupe.... à l'oignon et donner à boire. Le vin les alourdissait et le tout prenait l'aspect du cabaret et de la tabagie. Votre mère et moi nous dînâmes sur un coin de table dans ma chambre; nous étions bien conquis et plus durement que la première fois. Enfin, vers dix heures et demie, j'entendis lourdement monter la troupe des dîneurs et je commençai à respirer; j'allai faire une dernière ronde. Oh! nous n'avions pas à redouter les maraudeurs ; il y avait des sentinelles partout ; sur la route, au perron, un poste de dix hommes chez le concierge, du reste le silence d'une place de guerre.

Je n'avais pas longtemps à dormir, car il fallait que je fusse sur pied avant quatre heures ; il me restait une action délicate à faire. La veille, à l'arrivée, on avait parlé fusils (ces deux syllabes jettent toujours un froid). Selon ma résolution, je les avais déclarés dès le premier mot ; ils étaient à la mairie sous le scellé de mon cachet. Un poste avait été commis à leur garde, et il fallait les livrer avant le jour. Je partis donc à quatre heures avec un officier et vingt hommes, et je leur remis ces inutiles engins qu'on nous avait envoyés.

Il faisait encore presque nuit ; on était sérieux. Ce résonnement d'armes agace toujours ; je m'étais promis de rester calme, cependant, lorsqu'on voulut emporter notre drapeau, notre honnête drapeau de la compagnie de pompiers, la patience m'abandonna, et je m'écriai :

— Ah ! celui-là ne vous aura pas coûté cher et ne vous rapportera pas beaucoup de gloire ! »

Puis, ne pouvant résister à mon esprit gouailleur, je leur montrai dans une boîte les fleurs en papier de l'église : « Emporterez-vous cela aussi ? » Décidément l'entretien tournait à l'aigre ; il était temps qu'il finît. Cependant, après avoir descendu le drapeau, pris sans doute d'un remords, ils me le rendirent. On ne s'adressa plus la parole, et nous reprîmes lentement la route du château, derrière cette voiture chargée de nos dépouilles.

Le crépuscule commençait : il faisait une de ces nuits limpides, à étoiles scintillantes, comme on en voit souvent dans cette saison. Les cinq cents hommes étaient rangés devant la grille ; le chef de bataillon, à cheval, la tête tournée vers l'avenue de Marles, fit deux ou trois commandements, puis, baissant tout à coup son épée, cria très-haut : la prière! Alors tous ces soldats, la main au casque, un genou plié, restèrent quelques instants dans un silence profond. Cette longue silhouette noire, se dessinant immobile sur les premières teintes blanchâtre de l'horizon qui commençait à s'éclairer, formait un coup d'œil étrange et magique. Je ne veux pas écrire les réflexions que fit naître en moi ce recueillement comparé aux hurlements de nos boulevards....

Les voilà donc encore une fois partis ; journée très-dure, très-pénible ; pas un seul excès, mais la vie se serre davantage, et le conquérant a le verbe plus haut.

J'ai oublié de vous raconter une des émotions les plus pénibles de ce triste jour ! émotion que votre mère a eu seule à supporter. Après le dîner, un de ces messieurs, ayant vu le piano, eut l'idée de l'ouvrir ; votre mère était dans sa chambre, jugez de ce qu'elle dut éprouver, lorsqu'elle entendit tout à coup parler ces notes, muettes depuis si longtemps. C'étaient vos airs, vos chansons, mes chères petites ; quelle amère ironie au milieu de toutes nos douleurs ! Votre pauvre mère se sauva à la chapelle ; elle ne me le raconta que le lendemain ; elle pleurait. Je me suis étendu un peu longuement sur les détails de cette journée d'occupation, parce que, n'ayant d'autre but que de vous transporter, par un récit exact, dans le vif de cette existence plus qu'étrange, il fallait vous en tracer le tableau, en tâchant d'en rendre la physionomie ; nous sommes sans doute destinés à en voir beaucoup d'autres du même genre ; rassurez-vous ; je serai moins prolixe.

26 Septembre.

Dans la matinée, on m'annonce que nous aurons encore une colonne dans la journée. Quoi ! sans même avoir le temps de respirer... Hélas ! notre sort est celui de bien des communes.... il n'y a plus rien en ville, ni viande, ni sel, ni fourrage ; il faudrait au moins un moment pour se ravitailler. Mais s'ils viennent, ces visiteurs..., on ne pourra pas les prier de passer une autre fois, il faudra bien les subir. La Providenoe, cette fois encore, a eu pitié de nous ; le soir est arrivé; rien n'a paru sur l'horizon, que mes vedettes et moi observions avec anxiété. Au contraire, nous avons eu la surprise mille fois bénie de lettres de Bruxelles, une de Marie, du 16, juste le temps qu'il faut pour correspondre avec l'Amérique ! Grande joie pour nous, vous vous portez bien, vous étiez en sûreté. Que nous voudrions percer ces dix jours qui sont encore entre nous ! mais c'est trop exiger. Naturellement j'ai été au village, où j'ai vu poindre toutes les jalousies, tous les mécontentements, cortége habituel de ces temps troublés. On grognait d'avoir eu des garnisaires plutôt que le voisin; on disait qu'il était bien drôle de voir *comme çà* des préférences, qu'il n'y avait plus de justice, etc. Misères inévitables!

Nous avons reçu une lettre de Robert; il est encore à Rouen, auprès de son général.

27 Septembre.

A 9 heures du matin, je vois qu'on court dans le jardin; ce mouvement n'annonce rien de bon. En effet, apparaissent bientôt plusieurs cavaliers d'artillerie; je me présente, comme d'habitude, et je m'abouche avec un jeune sous-officier qui, d'un air souriant, me demande *dix vaches*.... seulement!!! Pendant qu'il parlait, deux cavaliers me tenaient en joue avec leurs pistolets. Je leur fis observer que c'était là une manière de causer fort insolite qui ne ferait faire, d'ailleurs, aucun pas à la discussion. A force de batailler, j'obtins d'en être quitte pour cinq vaches. Il fallait les trouver; discussions, récriminations!

Mes Prussiens attendaient leur bétail avec patience; mais malheureusement dans leur voyage de Marles ici, ils ont vu, dans les champs, tout le troupeau de la Ville du Bois, puis celui de M....., puis celui de M......, et le même sous-officier me dit avec le même sourire :

— Si mon colonel était ici, il prendrait tout. Dans huit jours, vous n'aurez plus ni vaches, ni moutons, ni rien du tout; dans le pays d'où j'arrive, on ne mange plus!...

Comme c'est engageant!

Pendant qu'au village on organise le convoi, j'entends un long bruit de chevaux. Tout aussitôt débouche un escadron d'hussards, bleu de ciel et blanc, chevaux magnifiques, hommes superbes ; puis un bataillon de la garde.

C'est la première fois que je vois des troupes vraiment bien tenues ; je m'approche de l'officier supérieur, et je lui demande s'il vient loger ici.

— Non, me répondit-il laconiquement.

Je ne me le fais pas dire deux fois, et lui indique la route de La Houssaye, qui est son étape. Mais je n'étais pas quitte pour la journée ; vers quatre heures, je revenais du village, lorsqu'un bruit bien connu me fit tendre l'oreille. Une quarantaine de voitures vides revenaient de Paris; il fallut me saigner de trois sacs d'avoine. Votre mère était là; elle fit causer l'officier, qui nous affirma que cinq forts de Paris étaient pris et que, dans l'intérieur, on se tirait des coups de fusil. Cinq forts pris! c'est bien rapide et à peine croyable.... Nous verrons si cette nouvelle est fondée.

Dans la soirée, j'apprends qu'il y a eu, en France, des élections, qu'elles ont été cassées, que la Constituante, qui devrait être élue le 2 octobre, a été remise indéfinitivement, qu'il y a une Terreur, à Lyon, avec le drapeau rouge. Une partie du gouvernement ira à Tours pendant le siége, etc..., enfin, une foule de choses vagues, indéfinies, confuses à l'esprit, conséquences forcées de ce pouvoir sans origine avouable, sans consécration et sans moyen d'action.

Vous avez dû savoir à temps tous ces événements; j'en connaîtrai sans doute, plus tard, les détails. Je ne m'étends donc pas sur les échos lointains que je reçois aujourd'hui; je n'écris même ceci que pour montrer dans quel état de submersion nous vivons, puisque des faits si importants nous arrivent comme une histoire de la Chine.

Ce qui est beaucoup plus palpable, c'est la recrudescence de la petite vérole à Rosoy ; on parle de quarante cas à la fois ; cela ne manque pas que d'être assez effrayant. Mais, au moins, à quelque chose malheur est bon ; les habitants ont hissé le drapeau noir aux quatre coins de la ville pour en éloigner les Prussiens. En effet, les derniers arrivés, l'autre jour, ont été conduits, par le médecin, chez plusieurs varioleux, et, convaincus de la réalité de la chose, se sont rabattus furieux chez le maire, M. F..., lui reprochant de ne pas les avoir prévenus. On prétend qu'ils l'ont mis aux arrêts chez lui ; voilà une punition qu'on accepterait bien pour deux ou trois mois. Ils lui avaient aussi parlé de le fusiller *jusqu'à la mort*, c'est l'expression. Il y a une foule de peccadilles qui comportent cette répression ; mais, ainsi que je le disais à un de ces messieurs qui me menaçait de ce sort funeste, ces grosses choses-là se disent, mais ne se font pas.

28 et 29 Septembre.

Le 28 septembre, rien. Comment, vraiment? rien? C'est ainsi. Rien que le ciel bleu et le soleil, des gazons et des fleurs d'une richesse de végétation comme je ne l'avais pas vu depuis vingt ans.... et pas de Prussiens.... Un jour béni!...

Le 29, beaucoup de voitures de provisions, qui retournent à vide, mais dont pas une ne s'arrête. Je vois avec ma lunette passer sur la grande route un long convoi de malades ou blessés ; car maintenant ils paraissent. Aussi les habitants de Lumigny et des environs croient-ils que tout y restera, et que les 600,000 hommes vont tous revenir, blessés, en charrette. Alors ce sera fini, et nous serons vainqueurs. D'ailleurs, on sait bien qu'ils ne vont là qu'en désespérés et convaincus qu'ils vont tous périr. Nos armées de Lyon et de la Loire les entourent; Bazaine approche de plus en plus, et vous allez voir!... Puis, dit-on bien bas, le prince royal est prisonnier avec tout son état-major dans la forêt de Fontainebleau. Le roi de

Prusse, à Ferrières, a si peur d'être tué, qu'il ne laisse approcher de lui que des femmes. Un voiturier arrive de Versailles; il y a tant de Prussiens morts dans la plaine, qu'il lui a fallu faire des lieues de détour pour que la voiture passât sur autre chose que sur des cadavres. Des milliers de feux électriques sont dirigés sur les camps prussiens pour empêcher les soldats de dormir; ils vont tous mourir d'insomnie.

Je vous ai réuni en un faisceau une partie des énormités qui se débitent pour vous donner une idée de l'état de nos pauvres esprits. Hélas! le misérable orgueil de notre malheureux pays n'est pas encore aplati?... Il serait pourtant si simple et si honorable de confesser qu'on s'est battu avec courage et qu'on a succombé sous le nombre; que la lutte n'est plus possible et qu'il faut en finir pour le repos de l'humanité. Et ce mot de trahison, sottise qu'on a toujours à la bouche pour expliquer les défaites!... Le peuple ne comprend pas qu'il serait cent fois plus honteux, pour un pays, de nourrir dans son sein un tel ramassis de traîtres et de misérables que d'avoir été battu par un ennemi plus fort et mieux organisé. Ah! messieurs de la République, qui nous gouvernez, vous avez une nation qui ne sait pas obéir, qui ne sait rien respecter ; voilà où vous l'avez conduite!

On parle toujours de 92 ; mais ces héros, qui ont parcouru le monde, n'avaient précisément pas été corrompus par vos doctrines délétères. Vous avez entraîné le peuple dans les plus honteuses jouissances matérielles. Vous lui avez dit, montrant votre exemple : « La vie n'est faite que pour boire, chanter et s'étourdir. » Puis est venu cet empire à la Béranger, qui a fait de Paris une grande Sodôme, qui a bâti des palais pour les consommateurs à deux sous et des jardins féeriques. École de dépravation et de luxe, époque de décadence byzantine, où l'on a vu les familles se ruiner en faux cheveux, en faux teints et en faux agréments. Le règne de ces orientaux ne devait pas être long ; l'un d'eux l'a dit : Cela va finir, mais nous nous serons bien amusés !

Au lieu de profiter des succès des premières années pour refaire la morale et l'honnêteté publique, pour épurer surtout l'armée, dernier refuge de l'honneur et du respect, ce gouvernement a recherché l'alliance de la Révolution, comme si une telle amitié n'était pas cent fois plus funeste à lui même, au pays surtout, qu'une lutte sans trève ni merci contre cette même révolution.... L'indépendance s'est effacée, la corruption s'est accrue. L'Empire a voulu discipliner les consciences, au lieu de discipliner les armées, et, fier de ses brillants soldats, qui reluisaient au soleil, il a entrepris, le cœur léger, cette énorme campagne, comme s'il s'agissait de conquérir la principauté de Monaco. On a voulu compléter la mise en scène du plébiscite par un bout de victoire. Si nous avions été vainqueurs, nous n'aurions jamais envahi l'Allemagne. L'Europe, qui, en ce moment, nous abandonne, ne l'aurait pas permis, et, de plus, je suis assuré que ce projet n'entrait pas dans notre politique de fantasia; on voulait, je le répète, comme dessert, un succès militaire, après le rôti du plébiscite. Vous rappelez-vous tout ce qu'Albert nous disait de l'état de l'armée, de son ignorance, de l'indolence des officiers, de l'indiscipline des soldats? on le traitait d'esprit chagrin, frondeur; il était bien au-dessous de la vérité!...

Que de fois je me suis rappelé dans ces tristes temps, un dîner que je fis, l'hiver dernier, avec le général Trochu, et où il me dit avec ses grands gestes et ses grands yeux intelligents :

— Monsieur, l'armée française, telle qu'elle est organisée, est également près d'un triomphe éclatant ou d'un immense désastre, d'un désastre comme jamais l'histoire n'en aura enregistré.

Je le vois d'ici, gesticulant, et je crois vous avoir raconté cette scène le lendemain. On ne voulait pas croire alors à ces prédictions sinistres; le chauvinisme se révoltait à l'idée de réformes à faire, de précautions à prendre et, ajoutait-on, quand même tout cela serait vrai, un général *frrrançais* ne doit pas le dire et surtout l'écrire.

Puisque j'ai nommé le général Trochu, qui tient à présent une grande place dans ce drame, et puisque les circonstances m'ont permis de le rencontrer assez souvent pour me former une opinion à son égard, je vais dire quelques mots de ce personnage. Son rôle, quel que soit le résultat de la tâche impossible qu'il a entreprise, prêtera à une foule de commentaires et d'appréciations. Il est évident qu'il donne son concours à un ramassis pitoyable de révolutionnaires; qu'il gouverne avec Rochefort et autres hommes politiques de sa trempe ; il est évident qu'il met son nom au bas d'actes déplorables et stupides. Mais il est poëte, rêveur, il croit tout possible par la magie de la parole; il en use et en abuse. Je le considère comme un honnête homme dans la plus stricte acception du mot; j'espère qu'il demeurera exempt de trop grandes faiblesses ; mais que celui qui est sans péché lui jette la première pierre, parmi ceux qui ont mis la main à cette triste pâte! Il est parfaitement religieux et croyant; quand on est ainsi, une défaillance est possible, une bassesse, jamais. Ce que je voudrais entrevoir, c'est son mirage ; il sait très-bien la valeur des ressources qu'on lui met dans les mains : elles sont nulles ; alors veut-il s'enterrer sous des ruines et faire brûler Paris pour régénérer la France? Ce serait d'un patriotisme moscovite, et je n'y croirai que quand je l'aurai vu. Un seul point est encore obscur pour moi dans la conduite du général Trochu : quel rôle a-t-il joué pendant tout le mois d'août et le jour de l'envahissement de la Chambre? Je ne suis pas suspect de tendresse pour le régime impérial ; mais si Trochu a pêché en eau trouble pendant cette crise, s'il a prêté les mains au grand crime national du 4 Septembre, cela n'est pas bien, cela n'est pas excusable, cela n'est pas honnête. Je le répète, je n'ai pas de jugement formé sur tous ces événements et je ne puis m'empêcher de conserver une certaine sympathie pour le général Trochu. Voilà bien assez de digressions, rentrons dans le journal.

30 septembre.

Le garde champêtre m'amène un jeune homme fort triste, fort penaud, qui ne dit pas un mot de français, c'est tout simplement un déserteur bavarois qui soupire après la patrie. Ah ! si tous pouvaient pousser le même soupir ! Il me demandait un papier pour circuler ; je m'empressai de le... lui refuser et cependant la position de ce pauvre diable me touchait. Il craignait autant les Allemands que les Français et allait entreprendre un voyage semé de dangers. Je lui ai dit qu'il n'avait qu'à ne pas venir nous visiter ; il m'a répondu qu'on ne l'avait pas consulté sur ce voyage d'agrément ; je lui ai donné une petite pièce et je l'ai congédié.

Voici des convois de voitures qui retournent à

vide pour faire de nouvelles réquisitions. Hélas ! c'est une phase que j'avais prévue et qui sera très-dure : l'alimentation de l'armée ennemie devant Paris. Elle va être faite par des troupes non surveillées, commandées par des officiers de second ordre ; on s'adressera à une population exaspérée et il arrivera des malheurs suivis d'horribles représailles.... Enfin, espérons que Dieu nous soutiendra et nous sauvera.

J'ai passé toute la journée à une triste et agaçante opération. Dans la prévision de nouvelles réquisitions, j'avais engagé les possesseurs d'animaux à les faire estimer, leur disant que ces pertes seraient, après la guerre, couvertes le plus possible par un impôt communal qui les indemniserait en partie. Cette mesure très-importante et prise déjà dans plusieurs communes aurait dû être bien reçue, car enfin, c'est l'espoir très-fondé d'une réparation. Tout au contraire ; acceptée du bout des lèvres, elle donne aussitôt lieu à des récriminations sur l'estimation insuffisante qui a été faite des animaux ; on se récrie sur le prix qu'on les a payés, sur celui qu'on sera obligé de debourser pour les remplacer. De guerre lasse, je fais venir deux cultivateurs des environs et deux bouchers et je les laisse se débrouiller ensemble. Je dresserai procès-verbal de l'expertise et on recommencera les disputes quand viendra l'heureux temps des indemnités, s'il vient jamais.

1er, 2 et 3 octobre.

Le 1er, nous recevons une assez longue lettre de M. de C..... qui nous fait ses adieux; le pauvre homme, après avoir lutté bien longtemps malgré son âge, a été brisé par la tristesse et la solitude; il part, il s'avoue vaincu. Gardons-nous de lui jeter la pierre; il a soixante-douze ans, il est comme moi bourrelé d'inquiétudes sur le sort de ses fils; sa femme n'est pas avec lui et l'appelle ainsi que sa fille dans des lieux moins troublés. Voilà trois semaines qu'il défend le terrain pied à pied; peut-être a-t-il trouvé chez les habitants des mécontentements, des grogneries, et, en somme, cette profonde ingratitude qui fait le fond de notre malheureuse population. Quoi qu'il en soit, il part sans tambour ni trompette et, comme pour les suicides, sa lettre commence ainsi : « Quand vous recevrez ces lignes, je serai parti... » Nous ne nous voyions pas bien souvent ; il nous fallait la plupart du temps rester chacun à nos affaires ; c'est égal, ce départ m'a serré le cœur... il me semble à présent que je suis encore plus isolé....

Le 2, j'apprends d'une manière certaine qu'un homme de la Houssaye a été haché à coups de sabre et a reçu trois coups de feu ; ceci devient grave. Le pauvre diable, exaspéré par la prise de sa dernière vache, s'est précipité sur un officier qui l'emmenait et l'a jeté à bas de son cheval ; les soldats alors l'ont lardé de coups de sabre et criblé de coups de revolver. Heureusement, ils ont tiré dans les jambes, et l'on m'affirme qu'il pourra se guérir. Cet acte est, de la part des Allemands, une indignité et une infamie. J'aurais compris à la rigueur les coups de sabre puisque l'officier était frappé et courait un danger ; mais se servir de la poudre contre un homme sans armes quand on est vingt contre un, c'est une cruauté gratuite, une lâcheté. On prétend que dans la plaine de Rosoy on a tiré sur des femmes pour leur faire lâcher leurs vaches. Je n'ai pas vérifié le fait ; il m'eût paru invraisemblable ces jours derniers, à présent il est croyable.

3 octobre.

J'apprends qu'après leur fait d'armes de la veille, les Allemands ont dévasté la Houssaye. Les vaches ont été volées dans les champs, dans les étables, sans ordre, sans contrôle, sans reçus; on a défoncé les tonneaux et on a laissé coulé le vin par terre.

4 octobre.

On m'affirme que la ferme du Richebourg, le village de Maupertuis, celui de Pezarches, le château des Couteaux ont été mis hier sens dessus dessous. On a pris les animaux, égorgé la volaille et jusqu'à des cygnes sur les pièces d'eau; la désolation est à son comble. Cette nouvelle recrudescence de nos malheurs m'abat profondément;

après quinze jours d'angoisses, plusieurs scènes très-pénibles, une anxiété perpétuelle, nous jouissions depuis une semaine d'un calme relatif; le passage de cette immense armée était terminé; la phase des réquisitions pour l'alimentation allait commencer. Je la prévoyais dure cette phase; elle dépasse tout ce que, dans mon ignorance des choses de la guerre, je pouvais imaginer. Le feu est autour de nous, à quand notre tour? Au courant de mes réflexions, je reçois une nouvelle réquisition de moutons pour le lendemain à Coulommiers.

5 octobre.

Jour néfaste, que je n'oublierai jamais! Nous allions déjeûner à dix heures, lorqu'on se précipite dans ma chambre, en s'écriant: « Ils passent au grand galop au Saut-de-Loup! En un clin d'œil plusieurs cavaliers sont devant la grille, et, sans attendre qu'on ouvre la grande porte, s'introduisent par la petite dans le parc, et, pistolets, carabines et sabres en avant, commencent une course folle, aux serres, sous la voûte, tout autour du château, les yeux hors la tête et sans rien dire à personne. Je courais derrière sans les atteindre; je les appelais sans en rien obtenir; c'était d'un terrible qui tenait du comique. Tout à coup j'entends des cris affreux, et je vois un soldat qui sort de la petite cour de la buanderie traînant une vache, ma dernière. La malheureuse Reine court après lui en s'arrachant les cheveux et en se tenant la tête à deux mains. Je la crus d'abord frappée d'un coup de sabre, mais je m'aperçus bientôt qu'elle n'avait que la douleur de perdre ma vache!

Cependant les autres soldats me font comprendre qu'on a vu des animaux en grand nombre sur la pelouse et *qu'il les faut;* j'entrevois confusément la vérité; on aura aperçu les vaches du fermier qui, tous les matins, pâturent dans le jardin pour être moins en vue. Je dis et j'affirme (ce qui est vrai) que je n'en ai qu'une, et je la leur offre de grand cœur pour me débarrasser d'eux. Peu à peu on finit par parler raisonnablement; votre mère avec son sang-froid habituel débite un allemand des plus pathétiques. Bientôt ils ont soif; nous donnons à chacun une bouteille de vin, un chiffon de pain et un morceau de viande. Ils se rassemblent et nous disent l'*adié* sacramentel. Ils vont partir, ils partent, quand tout à coup un grand galop de chevaux se fait entendre. C'est tout un nouveau peloton de cavalerie qui se précipite dans le jardin ; une espèce d'officier à galons d'argent et en tunique grise est en tête ; je l'arrête à grand'peine et il me dit en assez bon français, d'un air plus qu'insolent, qu'on a vu des vaches ici et qu'il lui faut le tout. La patience m'abandonne et je lui réponds :

« Je n'ai qu'une vache, emportez-la et tout ce que vous voudrez avec. Quand on entre ainsi chez les gens, on agit en voleur et non en soldat. »

Cette réponse n'arrangeait rien. Mon homme étudie vite son terrain et devine les bâtiments de la ferme; d'ailleurs un des cavaliers a, en effet, vu les animaux entrer par là. Il ne lui fallut que peu de temps pour se rendre compte de la configuration de la place et lorsqu'il eut disposé ses gens tout autour, il menaça de donner l'assaut. Je me décidai à ouvrir la petite porte en maugréant et en murmurant les mots de brigands, qu'il comprenait parfaitement.

— Croyez-vous, me disait-il, que si les vôtres

étaient chez nous ils en feraient moins? Il ne fallait point nous déclarer la guerre, ou il fallait être vainqueurs. Et vos zouaves, et vos turcos, bêtes sauvages! vous parliez assez dans vos journaux de les lâcher sur notre pays. Savez-vous ce qu'ils auraient fait de plus que nous? ils auraient insulté nos femmes; nous ne l'avons jamais fait.

— Question de tempérament! lui criai-je. Si nos soldats avaient fait tout cela ou seulement ce que vous faites ici, on les aurait appelés des *bandits* comme vous....

— Vous croyez, me dit-il alors en fureur, que 1806 est oublié; ma grand'mère m'a conté de cette époque des détails à faire frémir. Et puis, nous ne sommes pas ici pour faire de la politique. Allons, vous autres, à l'ouvrage, et dépêchons, dit-il à ses hommes.

Décidément les choses allaient de mal en pis, lorsque apparut un lieutenant d'infanterie qui arrivait au pas de course avec une compagnie wurtembergeoise. Celui-là, plus policé, remit un peu d'huile dans les rouages; mais je me convainquis une fois de plus qu'il ne sert absolument de rien de se fâcher. Comme plus tard il faut céder autant, si ce n'est plus, à quoi bon? Mais c'est qu'il est très-difficile de rester froid!

Nous entrons dans l'étable trop bien garnie, hélas! pour ces vautours. A force de supplications de votre mère, on obtient de n'amener que huit vaches. On les attache, on les crible de coups de pieds, de coups de bâtons sur la tête; les femmes criaient et pleuraient. C'était un spectacle déchirant. Est-ce fini? hélas! on a demandé de l'avoine. Les soldats en ont vu dans le grenier; ils courent partout la baïonnette en avant, enfonçant les portes, grimpant aux échelles. Ils ont enfin trouvé tout le magasin; il faut des sacs; il faut les remplir; presque tous sont troués et le grain se répand dans la poussière, où il est piétiné et écrasé sous les flots agités de cette horde désordonnée. Puis voilà qu'on déniche la chambre à fromages; il y en avait peut-être trois cents; on se les arrache, on les bourre dans des paniers comme du linge sale. Je tâche d'expliquer que ceux qui sont frais seront gâtés dans une heure, je parviens à en sauver une centaine. Mais quelle cohue! le fermier n'y était pas; j'étais seul avec les femmes, disputant pied à pied le terrain et les fromages. Votre mère était retournée au château pour entretenir l'officier poli auquel ce métier, ainsi qu'il me le dit, répugnait profondément. Il avait hâte de s'éloigner, et acceptait les bénéfices du pillage tout en répudiant l'odieux.

Un autre élément d'émotions allait entrer en scène. Il faut vous dire que, par une déplorable fatalité, après avoir depuis longtemps mis en sûreté la plupart de mes fusils, en laissant seulement un chez moi et un chez Robert, l'idée m'était venue ce matin là même de faire disparaître ces deux derniers souvenirs de chasse, plus un fusil resté chez L. B... ainsi qu'un fouillis de cartouches, dont plusieurs à balles, traînaient à dessein ostensiblement chez moi pour montrer la pureté de mes intentions et le calme de ma conscience. Toutes réflexions faites, les cartouches à balles surtout ne devaient pas rester là. Je donnai donc à L. B... fusils et munitions pour qu'il les emportât dans le parc; il commençait à les enterrer quand il entendit, dans l'*Allée des dames*, un galop précipité de chevaux. De la jeune taille du Mail il n'eût que le temps de se jeter dans les gaulis, laissant fusils et cartouches en évidence dans une rachée. Puis il revint plus mort que vif, nous trouva dans notre brouhaha, et fit comprendre à votre mère que les cavaliers étaient dans le parc et les fusils en évidence. Jugez du tremblement qui la saisit à cette nouvelle. Les trouveront-ils? telle est la question. Mon ingénieuse femme redouble d'attention pour le jeune chef, lui parle de sa famille et de tous les intérêts qu'il a laissés dans sa patrie; tout va pour le mieux lorsque B... fait signe que voilà les cavaliers qui reviennent avec les fusils et les cartouches. Cette fois l'émotion est à son comble et la conversation tombe à plat; un soldat arrive triomphalement à son chef avec des cartouches plein les mains. Tableau!

— Ah! ah! des cartouches, dit négligemment le lieutenant, et pourquoi dans le bois?

— Oh! dit votre mère, il y a ici beaucoup de chasseurs et aussi beaucoup de braconniers, oh, oui! beaucoup de braconniers. Ce sont peut-être eux qui les ont laissées dans le bois!

Il fallait bien dire quelque chose. L'officier reste calme et dit que ces fusils feront plaisir à son général, qui est très-chasseur. Je crois que son général, c'est lui-même.

Pendant ce temps-là, j'étais dans les fromages, dans l'avoine jusqu'au cou. B... me marmotte à l'oreille, en passant : les fusils sont découverts ! Diable, cela se complique, nous allons entendre parler de fusiller jusqu'à la mort, et je pourrais bien aller faire un tour, les mains derrière le dos, jusqu'au quartier général. Je reviens négligemment par la petite porte et je vois les soldats étendus sur le gazon et jouant avec les cartouches, les déchirant, armant les fusils et les examinant d'un air très-joyeux. Je me dis : à la grâce de Dieu ! je verrai ce que j'ai à faire. Je ne voulais surtout pas livrer le pauvre B... et je comptais avouer tout simplement que c'étaient mes fusils que je cachais pour qu'on ne les volât pas, et que la précaution était bonne, puisque c'était ce qu'ils allaient faire. L'officier ne me dit pas un mot de l'incident et l'opération du dépouillement continua. J'étais tellement ahuri par tout ce travail que, dans le moment, j'ai à peine fait attention à cette question des fusils qui pouvait être grave et qui fut jugée telle par tous les témoins directs de cette scène. L'avoine était en sacs ; il y en avait trente-cinq ; on les charge et on va partir...

Tout à coup une estafette accourt au galop, remet un papier au lieutenant ; c'est l'ordre de ramener des moutons. Hélas ! nouveau dépouillement. Que va-t-on encore prendre? — Laissez-nous au moins les mères, s'écrie la pauvre fermière. Et elle tombe abîmée sur une pierre. Je cherche le berger; il s'est lâchement enfui; que faire? Mes connaissances ne vont pas jusqu'à faire ce triage. On essaie un moment; c'est une confusion inextricable. Cependant, le soi-disant officier, l'insolent qui n'était autre qu'un interprète commis aux vivres, déjeunait. Par une économie mal entendue, on lui avait servi du vin détestable. Il le rejette en jurant et dit : Ah! c'est comme cela; eh bien, lâchez tout. On ouvre la bergerie et tout ce beau troupeau sort bêlant, effaré, abîmé de coups de crosse et de coups de baïonnette. Quel spectacle! j'étais navré; l'officier véritable détournait la tête avec dégoût. Ce triste convoi se mit en marche, laissant derrière lui une longue traînée de poussière, dorée par la lumière éblouissante d'un magnifique soleil couchant. C'était le fruit de bien des sueurs, le résultat de bien des années de travail qui s'en allait ainsi dans la brume du soir, disparaissant pour ne plus revenir. Oh! la guerre, la guerre!... Et comme on a de la peine à réprimer les idées de vengeance qui vous envahissent le cœur!...

Parmi les cavaliers, trois portaient allégrement mes fusils en bandoulière.

Voilà, mes chers enfants, cette affreuse journée dans tous ses détails sans un embellissement, sans une couleur forcée, telle qu'elle vient de se passer. J'ai voulu l'écrire, dès le lendemain, pour ne pas en oublier un incident et lui conserver tout son dramatique caractère. Le soir, pour complément je vois arriver mon fermier de la Malmaison, qui me dit que la même scène a eu lieu à sa ferme et à celle de la Fourcherie. Pour lui, il a été battu, sa femme a reçu de vrais coups de sabre; son ménage est pillé, ses volailles égorgées et laissées sur place. Toutes ses vaches sont parties; ses moutons sont dans la forêt, dispersés, Dieu sait où. Ainsi me voilà avec trois fermes détruites dans la même journée, et pour le rétablissement desquelles il faudra des années. Mais je n'ai pas le courage de me plaindre quand je vois à côté de moi de pauvres cultivateurs cent fois plus frappés que je ne le suis.

Je crois, dans le cours de ce récit, avoir montré beaucoup d'impartialité, avoir rendu justice, bien malgré moi, aux qualités incontestables de l'armée allemande, avoir mis de côté les expressions stéréotypées de brigands, de misérables, que les chauvins regretteront peut-être de ne pas voir plus souvent s'échapper de ma plume indignée. Je me crois tout aussi français que les journalistes qui ont soufflé la guerre et qui maintenant mentent avec effronterie, en nous annonçant des victoires qu'ils savent impossibles. J'ai offert mes deux fils à mon pays et me suis moi-même enfermé de mon plein gré dans un cercle de fer et de feu, menant une vie qu'il est impossible de comprendre quand on n'a pas passé par là. Pendant ce temps, les *patriotes* courent de ville en ville, leurs presses sous le bras, faisant leur métier de rumoristes sans aucun danger pour leur précieuse personne. Je me crois donc le droit de juger sans passion ce que je vois de cette guerre. Eh! bien, je le dis et je l'écris, l'armée prussienne fait, depuis quatre jours, dans ce pays, un métier de vandale indigne d'une nation civilisée. Elle le fait froidement, sciemment, mentant à ses engagements, à ses promesses de modération.

Ce que j'ai vu, le 5 octobre, s'est passé le même jour dans tout le pays, avec une précision mathématique qui annonce un parti pris. La discipline de cette armée est un mensonge comme la politique cauteleuse de son gouvernement mystique, confit d'honnêteté officielle. Les Allemands savent supérieurement faire plier la règle à leurs intérêts, respectables ou non.

Ces troupes sont d'une obéissance merveilleuse lorsque leurs chefs le veulent, et ils étaleront aux yeux de l'histoire leurs passages courtois dans certaines villes. Mais, après avoir rassuré le pays par des paroles de paix, avoir calmé ses justes défiances, le jeter en pâture à des bandes de ravageurs dont le métier, de leur propre aveu, est le pillage en grand, c'est agir en condottiere du moyen âge, et le Dieu des armées n'a rien à voir à pareille besogne.

6 octobre.

J'ai passé cette journée dans les transes, toujours l'œil au guet et l'oreille tendue. Après une alerte comme celle d'hier, tout est possible : il suffit d'un nouveau passage de ces sauterelles pour recommencer la scène. J'apprends ce qui nous a valu cette avalanche, car tout a été imprévu dans cette journée néfaste. Le convoi passait sur la route de Régny et ne devait nullement venir ici, lorsque des cavaliers aperçurent quatre vaches dans les champs. Ils fondirent sur elles. Mais les femmes qui les tenaient se sauvèrent et avisèrent H..... J..... qui rentrait dans la garenne, par la porte du Mail; elles le supplièrent de les laisser entrer, poussant leurs vaches dans le parc et fermant la porte au nez des coureurs. Ceux-ci prirent vite leur parti et firent, rapides comme l'éclair, le tour des murs. C'est ainsi qu'ils sont arrivés au château et qu'ils ont fait irruption dans le jardin, cherchant ces malheureuses vaches et me les demandant à grands cris.

En passant au Saut-de-Loup, un d'eux aperçut tout le troupeau du fermier qui paissait près de la Glacière. Alors, au lieu d'entrer avec ses camarades, il courut à fond de train à travers la plaine pour regagner le convoi, dire qu'il y avait une grande razzia à faire, et demander du renfort.

Voilà pourquoi les nouveaux arrivés sont partis de suite à travers le parc, y ont cherché des troupeaux qui n'y étaient pas et ont trouvé des fusils qu'ils ne cherchaient nullement. Ils avaient toujours l'espoir de découvrir ces vaches qui leur avaient échappé. Dans leur course, ils prirent le chemin du Mail, arrivèrent à la porte de Régny qui leur avait été fermée, et s'arrêtèrent pour se concerter.

Pendant qu'ils étaient là, près du bois de sapin où est cette jolie allée que nous avons tracée ensemble l'hiver dernier, une pauvre femme était à quinze pas avec deux vaches! Jugez de sa terreur pendant ces quelques minutes, en pensant qu'un seul beuglement de ses animaux pouvait la trahir. Heureusement, les bêtes sont comme les hommes, terrifiées par l'existence qu'on leur fait mener : en entendant le galop des chevaux, elles sont restées le cou tendu et immobiles. Quelle scène! vous la voyez d'ici. La bienheureuse nuit arriva enfin; ce n'est qu'à cette heure qu'on respire, et encore je me dis tous les soirs : à minuit vont venir des pillards, des égarés, ou des retardataires, et ce sera bien pire. Aussi nous ne dormons que d'un œil.

7 octobre.

Même disposition d'esprit; toujours cette existence de lièvre aux écoutes qui est si fatigante. Vers cinq heures, je vais un instant dans le parc; il fait très-calme, on a entendu le canon de Paris toute la journée, et ce son pénétrant semblait sortir des entrailles de la terre. Je savais qu'il y avait beaucoup de troupes à Régny, Ormeaux, Pézarches. Tout à coup j'entends, du Mail où j'étais, une grande clameur qui paraissait venir d'un village voisin. On distinguait les voix glapissantes des femmes, et même ces mots ; brigand, voleur, gredin. Puis on voyait les charretiers, dans la plaine, dételer au galop et se sauver à travers champs. A chaque instant je tremblais d'entendre partir un coup de fusil; c'en eût été fait de ce pauvre hameau. Ces cris, le soir, avaient quelque chose de déchirant. Je restai là, avec des battements de cœur, jusqu'à ce que cette clameur se fût apaisée.

Que de réflexions fit naître en moi cette scène,

dont toutes les paroles venaient jusqu'à mon oreille! Comment veut-on rêver un soulèvement des populations, quand on voit que chacun ne pense qu'à soi et à son village! Tout le monde fuyait en entendant ces cris; moi-même, je restais là, cloué à ma place, haletant d'émotion, mais priant Dieu de détourner de nous ce calice.

Et les journalistes écrivent, du fond de leurs cabinets, que chacun s'arme; que toutes les communes se lèvent, après avoir brûlé leurs récoltes et, au besoin, leurs maisons; qu'au son du tocsin, des milliers d'hommes s'ébranlent, et le dernier des envahisseurs mordra la poussière!...

Il retentit, ce tocsin, le plus terrible de tous, la voix humaine, et personne ne bouge. On aura beau se faire des illusions, jamais une multitude n'a battu une armée, jamais des milliers de paysans et de bourgeois ne se sont levés contre une invasion, surtout dans des pays riches et peuplés. Cela ne s'est vu ni en France ni ailleurs; on cite la Russie et l'Espagne; mais quels rapports existent entre ces pays pauvres, déserts et incultes, et nos provinces exhubérantes de richesse! N'en déplaise à nos faiseurs de rêves démocratiques sur la nation armée, sur le soulèvement en masse, il faut surtout, dans ce temps de guerre mathématique, de belles et bonnes armées, bien outillées et bien commandées. Si on est battu, ce qu'on doit toujours prévoir, il faut faire la meilleure paix possible, ou plutôt la moins mauvaise, et se recueillir pour plus tard.

8 octobre.

J'apprends, dès le matin, que rien de trop grave ne s'est passé à Régny; on a beaucoup crié, et voilà tout. Cependant, avec ce goût effréné qu'on a pour les rumeurs, on vient nous servir tout chaud qu'un jardinier, chez qui on a trouvé un fusil et de la poudre, va être fusillé sur-le-champ. On l'a simplement mené au chef supérieur, à Touquin, et relâché une heure après. La journée se passe et s'avance; seulement j'apprends de source certaine que tous les villages sont encombrés, et je me dis que le trop plein peut nous venir. Mais il est cinq heures, la nuit approche, tout danger doit être passé.

J'étais à écrire, un œil sur mon papier, et

l'autre à la grille, lorsque je vois le garde champêtre, mon éclaireur, traverser le gazon en courant; c'est toujours mauvais signe. J'ouvre la fenêtre de suite : « Ils viennent le long du Saut-de-Loup, » me crie-t-on. Vite je sors, et, embusqué contre les balustrades du perron, je regarde entre les fentes pour juger l'ennemi. Un casque, deux casques, vingt casques, puis des lances, puis des talpacks de hussards, etc.... Je ne voyais que les têtes, mais cela me paraissait long; la colonne allait au pas, chose relativement rassurante. Arrivée à la grille, elle s'arrête ; un petit pourparler a lieu ; mon rôle commence...

Je m'approche, et je vois un jeune homme, d'une jolie figure, barbe noire, cheveux frisés, portant le bel uniforme blanc des cuirassiers prussiens. Il m'aborde fort poliment, me dit s'appeler le comte Dohna, et me demande s'il peut loger ici avec cent vingt hommes et autant de chevaux. Je fais signe à votre mère qui accourait, et je lui fais comprendre que nous n'avons pas affaire, cette fois, à des voleurs, mais à des vrais soldats. Je vais donc avec l'officier examiner les écuries, les granges, remises, hangars, pour tâcher de loger tous ces chevaux, car, cette fois encore, je tenais à tout garder et à débarrasser le village. On s'arrange tant bien que mal, et les cavaliers entrent. C'étaient des détachements de plusieurs corps, qui quittaient leurs dépôts pour rejoindre leurs régiments respectifs. Je raconte alors à l'officier qu'il y a deux jours un parti de ravageurs est entré chez moi en courant, carabine et sabre au poing, qu'il nous a volé tous nos troupeaux, que toutes nos fermes ont été dépouillées le même jour. Il ne voulait pas me croire et haussait les épaules avec indignation, déplorant une conduite aussi honteuse. Tout cela est fort joli, mais on fait faire ce sale métier par les bandits de l'armée, et les gens bien élevés mangent parfaitement nos vaches et nos moutons, en blâmant, d'ailleurs, le mode de capture. Je soumis cette appréciation à mon interlocuteur, qui ne trouva rien à me répondre.

Je vous passe sous silence l'aménagement de tout ce monde, c'est toujours la même chose ; on a été un peu ahuri par l'heure avancée, par le nombre de chevaux et surtout par la pluie qui tombait. De moutons, point ; les uns avaient été enlevés ; les autres étaient cachés dans les bois ; heureusement nous eûmes un veau, et toutes les femmes se mirent à fricoter. Les soldats étaient très-fatigués ; néanmoins, voyant qu'on s'occupait d'eux, ils ont pris patience. Vers neuf heures, on leur a dressé des tables sous la voûte, et ils ont mangé ; au fond, les hommes sont comme les animaux, et le proverbe de la faim qui chasse le loup du bois est vrai, surtout pour les Allemands. Bien repus, ils ne demandent qu'à dormir, c'est ce que firent bientôt mes cuirassiers et hussards, la plupart dans le château, d'autres aux écuries, et la nuit se passa fort tranquillement.

L'officier était venu dans le salon, et nous avons bientôt vu à quel monde il appartenait ; il connaissait les Sagan, les Hatzfeldt, les Radzivill, les Talleyrand ; il y avait là... chez un ennemi !... comme un parfum de bonne compagnie, qui nous reposait, pour un instant, des gentlemen des rues qui nous gouvernent.

Ah ! messieurs les républicains, socialistes et autres, j'ai bien le droit de parler ainsi et de manifester le dégoût que vous m'inspirez. Vous avez seulement, jusqu'ici, hurlé des chansons dans les rues, destitué des préfets et surtout grassement pourvu vos créatures. On entend peu parler de vous devant l'ennemi ; est-ce que, par aventure, vos célébrités de clubs, de barreau et de presse, n'auraient eu que des cousines, des sœurs, des filles ou des nièces ? Vous n'aurez pas, si vous continuez, beaucoup de crêpes à acheter pour vos chapeaux : et nous verrons, après la grande liquidation, dans quels rangs il y aura le plus de jambes de bois. Où en est votre levée en masse ? où est votre élan patriotique ? Vous n'avez su que mentir au pays, en annonçant des victoires que vous saviez impossibles. Vous avez commis le plus grand de tous les crimes, en faisant une révolution sous le feu de l'ennemi, une révolution d'avides et d'affamés. Vous aviez une telle rage de pouvoir que vous avez sauté dessus, comme des chacals sur leur proie, ajoutant à tous nos malheurs le ridicule, et faisant du 4 Septembre une fête publique, alors que tous les cœurs eussent dû être à la douleur. Un pays se relève d'une guerre malheureuse, mais plus difficilement de cette suite de révolutions qui, en France, reviennent périodiquement, comme une peste, comme le plus hideux des fléaux.

Je crois que je m'enflamme et bien inutilement, car je m'adresse à vous, mes chers enfants, à vous, qui pensez comme moi. Ah! si j'avais le don et la possibilité de faire entendre ces paroles à une tribune quelconque, quelle joie j'aurais à les jeter à la face de ces grotesques comédiens! Mais de même que, lorsque notre curé prêche à ses paroissiens la nécessité d'aller à la messe, il manque son effet, puisqu'il s'adresse à ceux qui y sont, de même ces colères manquent leur but, puisque je ne pourrais les adresser qu'à des gens convaincus d'avance; car messieurs les démagogues, qui n'admettent jamais de contradiction, m'auraient mis à la porte avant la fin de la première phrase.

9 octobre.

Les cavaliers partirent à dix heures du matin, et je poussais un soupir de soulagement, lorsqu'au bout d'un quart d'heure on vint m'annoncer que les troupes sillonnaient la plaine de la Ville-du-Bois. Je m'élançai à la grille et je vis, sur le chemin de Marles, un long convoi, qui se dirigeait vers le village. Puis en me tournant je vis déboucher une colonne de cavalerie sur le chemin de Régny. J'étais pris entre deux feux ; je levai les bras en l'air, en signe de désespoir, et je restai là campé à la grille, ne sachant où courir. Les cavaliers se déroulaient, se succédaient, se multipliaient, avançaient toujours ; ils prirent l'avenue de Marles et passèrent sans s'arrêter. Je respirais, car, enfin, que leur donner ? Nous n'avions plus ni un morceau de pain, ni un morceau de viande, et contre ces gaillards-là la nourriture est le seul bouclier.

Après la cavalerie (1,500 chevaux environ), commença l'infanterie. Mais qu'elle infanterie ! Un, deux, trois, quatre régiments, avec artillerie et bagages. Un major s'approche de moi et me demande, en très-bon français, à qui est ce *beau* château. Flatteur !!! Il me dit que son régiment défilera le dernier et m'offre de faire la conversation ; j'accepte, désireux de savoir quelques nouvelles ; cet officier fait partie d'un corps mecklembourgeois, qui vient du siége de Toul ; il se compose d'environ six mille hommes, et je vous assure que tous les habitants de Lumigny ont juré qu'il y en avait cent mille. Dix ou douze autres officiers se sont arrêtés pour me parler, et tous étaient stupéfaits de me trouver là avec mes gens ;

c'était la première fois qu'ils voyaient un château présentant ce caractère d'habitation. Un colonel, chargé de décorations, a voulu me dire son nom : *Baron de Krock... Krick... Krack...* Bien obligé, mais ce nom me laisse absolument indifférent.

Mon major, qui était resté avec moi, me parla politique.

— Comment pouvons-nous traiter, me dit-il, avec des gens comme Rochefort et Gambetta? Quelle garantie présentent-ils? Et Lyon qui se déclare en république séparée !..... Nous serons très-embarrassés, me disait-il, mais vous, encore plus, et, en attendant le payement complet de notre indemnité de guerre, nous occuperons vos plus riches provinces, dont nous prendrons les impôts.

— Fort bien, dis-je, vous occuperez, et ensuite? Si, malgré votre occupation, on ne veut pas traiter ?... Savez-vous ce que serait une force d'inertie, contre laquelle vous vous briseriez. Vous allez prendre Paris, je l'admets. Mais toute l'Allemagne est ici ; il faudra faire venir vos femmes et vos enfants, vos marmites et votre ménage. Et ensuite? Vous voudrez nous imposer un gouvernement; mais on ne trouve pas un roi par réquisition ! Vous aurez beau courir, le pistolet au poing, de Dunkerque à Marseille, vous ne créerez pas une administration. Croyez-moi, renoncez à ces malheureuses provinces, qui vous donneront plus de tracas qu'elles ne vous rapporteront d'accroissement sérieux, et rentrez chez vous avec votre butin et votre indemnité de vainqueurs.

Il se mit à rire et me dit que ni lui, ni moi, ne serions chargés de faire la paix, qu'ainsi le mieux était de ne pas nous en préoccuper outre mesure. Il en parlait bien à son aise !

La colonne finissait ; il fallut nous séparer, et, revenant au pratique de ma situation, je pensai que si un quart de ce monde avait dû rester ici, nous n'aurions su où donner de la tête. La journée s'acheva tranquille. Mais j'appris que ce convoi, qui passait au village venant de la direction de Paris, était composé de 180 voitures vides, qui allaient au loin en réquisition. Hélas ! ils ont tout examiné dans le pays, étudié chaque ferme ; que nous réservent-ils, quand ils repasseront ? Encore une journée employée à aller de la grille au village, et ainsi de suite, comme un prisonnier.

10 et 11 octobre.

Canon incessant ; voilà trois jours que cela dure ainsi sans interruption. Et, au risque de me répéter, je ne puis m'empêcher de gémir en pensant que nous saurons le résultat de ce vacarme bien après qu'on l'aura su en Amérique. Comme compensation nous avons les récits du bon public, qui, chaque jour, prend des proportions plus fantastiques. C'est dit : jusqu'à la fin nous serons rongés par ce chancre affreux de l'orgueil, qui nous dévore. Puisque les réquisitions et les passages de troupes me laissent un moment respirer, puisqu'il est quatre heures et qu'en général à cette heure on est tranquille pour le reste du jour, je veux vous narrer quelques-uns des on dit ébouriffants, qui se débitent, chaque jour, et nourrissent ce pauvre peuple de chimères.

D'abord à tout moment on me dit d'un air mystérieux : des vivres sont commandés dans le pays pour le passage d'une armée... inattendue! Mais si on commande ses vivres, elle n'est pas inattendue. Ah ! voilà ! « c'est une armée française qui vient, sans doute, par un souterrain et va surgir au milieu de nous. »

— Nous avons manqué une belle occasion l'autre jour, à Rosoy, me disait une brave femme du pays ; vous savez bien cet ambassadeur russe qui a passé avant-hier. (J'avais oublié de vous conter ce canard, qui a couru tout le pays, un quidam avait dit chez le pharmacien, qu'il était envoyé par l'empereur de Russie pour mettre le roi de Prusse à la raison !) Eh bien, cet ambassadeur russe n'était ni russe ni ambassadeur, c'était... c'était Bismarck en personne, le terrible Bismarck. Si nous l'avions su, comme nous l'aurions escofié !

— Diable, vous en êtes bien sûre ?

— Sûre comme je vous vois ; on l'a bien reconnu ; d'ailleurs on ne pouvait pas s'y tromper, il avait une malle d'une lourdeur énorme. Ce ne pouvait être que lui !

Un homme revient de conduire une voiture au camp, qui est à Chelles, et raconte que dans ce camp les boulets de Paris (c'est à huit lieues) tombent si dru, si dru, que bientôt il n'y restera plus un homme valide. Et cependant ces imbéciles de

Prussiens s'obstinent à rester dans ce camp si désagréable !...

On se fait passer une dépêche officielle, s'il vous plaît, que madame ..... colporte partout; elle annonce, en termes clairs et avec détails, que, dans une sortie, on a mis 170,000 Prussiens hors de combat !!! Je copie textuellement. Ce chiffre monstrueux et bête était subdivisé en tués, blessés, disparus et prisonniers. De plus, 20,000 Bavarois sont entrés dans Paris la crosse en l'air, et chantant la *Marseillaise*.

Le prince royal étant à Fontainebleau, a voulu se promener en forêt, et il a été fait prisonnier avec tout son état-major dans un carrefour. Il n'est, à vrai dire, qu'enveloppé, mais on lui a laissé 24 heures pour se rendre.

Un autre jour, c'est une dépêche venant de Coulommiers, elle est signée Gambetta. Ah ! ah ! il n'y a pas moyen de la nier celle-là ! Versailles est repris; tout l'état-major ennemi, roi, ministres et généraux, est prisonnier; l'armée prussienne en pleine déroute...

Un homme, comme il en passe tous les jours, vient me demander un sauf-conduit; il est de Villeneuve-les-Bordes, village près de Montereau ;

celui-là raconte *ce qu'il a vu;* on peut le croire au moins. Ils ont dans ce pays-là organisé la défense. Le fait est vrai, grâce au pont sur la Seine qui est barricadé et n'a jamais été attaqué à cause de l'éloignement relatif de la ligne de marche des troupes allemandes; il faut bien qu'elles s'arrêtent quelque part. Je sais aussi que plusieurs fois on a enlevé à des éclaireurs ennemis des vaches et des moutons qu'ils pillaient; cela s'explique par la ligne de retraite qu'assure le fleuve. Mais mon homme, au lieu de me raconter, même en les embellissant, ces faits d'armes que je pourrais comprendre, m'affirme qu'ils ont eu affaire à des corps de cinq ou dix mille hommes, avec des généraux, des princes et des grands-ducs, que régulièrement ils mettent en déroute. Je lui demandai combien ils tuaient d'ennemis.

— Comment voulez-vous qu'on le sache? me dit-il ; dès qu'un des leurs tombe, ils l'enterrent en un clin d'œil à une telle profondeur qu'on n'a pas le temps de tourner la tête, c'est déjà fait. Et impossible de retrouver la place, nous avons beau sonder, faire passer sur le terrain des chevaux pour voir où la terre enfonce, impossible. Ah! les malins!...

Pour résumer ces histoires (je ne finirais pas si je les racontais toutes), je termine par celle qui en traduit le mieux le caractère. Le jeune ....., garde mobile à Paris, a fait parvenir, par ballon, à sa mère, une lettre où il dit textuellement : « Tous les jours nous remportons des victoires, et nous faisons subir à l'ennemi des pertes sanglantes... Nous n'avons ni un tué ni un blessé. »

Je vous vois d'ici, trouvant que ce sont là des contes d'enfants, et me reprochant de prêter l'oreille à des balivernes débitées par deux ou trois portières. Non, mille fois non ; il ne s'agit pas ici de cancans en l'air ; ces nouvelles sont affirmées par le peu de journaux que nous recevons, certifiées par les lettres, racontées à haute voix par les gens les plus intelligents du pays. Et il faut les croire sans sourciller, sous peine d'être accusé de trahison. Dans les premiers temps, je ne pouvais écouter ces fables sans bondir ; leur stupidité me révoltait et je ne pouvais me faire à tant de sottise. Votre mère me gourmandait toujours, parce que, disait-elle, je décourageais les narrateurs et tuais ainsi la poule aux œufs d'or. Le fait est qu'on commence à ne plus me débiter ces affreuses bourdes qu'avec une certaine hésitation.

Maintenant je me compose un visage quand commence une histoire, et je l'accueille par un : Ah ! ah ! vraiment ! cela peut vouloir dire : — Quel bonheur ! je m'y attendais. — Je n'en crois rien. — Cela devait être. — Vous n'êtes qu'un imbécile. — C'est très-probable. — Il n'y a pas un mot de vrai. — Tout est sauvé. — Tout est perdu. Enfin, ce qu'on voudra... De cette façon, mon interlocuteur croit qu'il m'intéresse et continue son récit.

12 octobre.

Jour mille fois béni ! Je reçois, par Bruxelles, des nouvelles de mon cher Albert, enfermé dans Metz ; à la date du 3 octobre, il était vivant. Pauvre cher enfant, quand tu liras ces lignes, dis-toi qu'à ce moment il se fit dans mon cœur serré une sorte de dilatation, pareille à celle qu'éprouve un homme qui étouffait et à qui on rend l'air et la vie. Il est encore éloigné le jour où je pourrai te serrer dans mes bras ! Par combien de dangers n'auras-tu pas eu à passer ! Aussi, en écrivant ces lignes, je n'ose me réjouir, seulement je respire mieux.

Robert aussi est en bonne santé; faudra-t-il donc encore que celui-là coure des dangers sérieux, parce que Paris veut un beau siége, et qu'il faut aux journaux anglais une belle page pour leurs reporters. Ne faut-il pas que messieurs les onze s'esquissent une jolie résistance? Après avoir couronné de fleurs la statue de Strasbourg pendant un mois, ne faut-il pas qu'ils travaillent pour l'histoire, sous peine de devenir encore plus grotesques, s'il est possible? Aussi je ne vois pas le siége de Paris court, comme on le croyait et comme je le croyais moi-même. Si seulement (je me laisse aller comme les autres à cette illusion!) Paris faisait une belle défense, j'en serais fier, mais...

Je ne suis pas éloigné de croire à la durée du siége de Paris, pour deux raisons. Chez les gens de cœur il y a le point d'honneur, le sentiment patriotique. Surexcités par les mensonges qu'on leur débite, par les prétendus secours qui doivent arriver, ils montreront qu'ils ont l'énergie de les attendre, même au prix de grandes souffrances. Ceux-là iront sur les remparts et se battront. Et comme les Allemands ne sont pas des gens d'assaut, comme les forts sont armés de beaucoup de canons, cela peut durer aussi longtemps qu'on aura de quoi manger.

Il y a aussi le gouvernement qui a crié par-dessus les toits qu'il s'enterrerait sous les ruines de Paris, qui tous les jours nous montre du doigt la victoire prête à venir, si Paris ne cède pas. Après avoir tant parlé de son énergie républicaine, il ne peut proposer une reddition qu'après avoir tenu longtemps, et fait honneur à sa parole.

Un autre élément sérieux de résistance est dans la masse des ouvriers. Il faut bien se dire que depuis six semaines, il y a là 200,000 hommes qui, n'ayant aucun travail, sont nourris par l'État. Au fond, ils trouvent cette vie fort douce : du chômage et peu de dangers. Car les sorties sont faites par la troupe, les mobiles et les volontaires. Ceux-là même ne sont pas très-éprouvés, et si j'en crois les récits officiels, après une série de brillantes reconnaissances, il n'y a jamais que trois ou quatre blessés. « Tout va bien ! » ainsi finissent régulièrement les dépêches des généraux.

Lorsque le bombardement commencera, il atteindra d'abord les faubourgs et alors naturellement les habitants afflueront dans le centre de la ville. Là ils trouveront les belles maisons, les beaux hôtels, comme on dit, et ne seront pas fâchés d'y séjourner, tant qu'ils auront de quoi manger. Surexcités par les clubs, par une presse furibonde qui les ameutera contre les riches et les bourgeois, ils se figureront que ces appartements dorés recèlent des trésors, ne calculant pas, les pauvres abusés, que, dans une mesure, c'est ce luxe qui les a fait vivre, et que le jour où il sera tout à fait anéanti, ils mourront de faim.

Avec du pain, un peu de viande et beaucoup de vin, ils peuvent faire durer la situation très-longtemps, et étouffer dans son germe toute idée raisonnable de transaction avec l'ennemi. Ils calculeront que, si les portes étaient ouvertes, ce qui leur reste de provisions serait forcément partagé entre des vainqueurs peu délicats, et alors avec cette imprévoyance enfantine qui fait le fond des sensations populaires, ils se diront : « Allons jusqu'au bout! car cette vie de club, de place publique, de mascarade militaire, vaut bien celle de l'atelier. Il sera toujours assez temps pour nous d'y revenir. » Et ils emploieront pour cette pression les 400,000 fusils qui ne portent pas jusqu'aux hauteurs de Châtillon, mais qui porteront bien du travers d'une rue à l'autre.

Je ne prétends pas qu'il ne se trouve dans le nombre des gens très-résolus, qui veulent se défendre par un sentiment d'honneur national, avec l'espoir d'une délivrance et l'illusion d'un triomphe. On rencontre partout des esprits généreux. Les grands coupables sont les gens intelligents, meneurs de tout ce monde, qui savent comme moi que la partie est perdue, et que chaque jour creuse plus profond le fossé de nos misères. Ils s'acharnent par amour-propre, par haine de leurs prédécesseurs dans la vie politique, pour l'amour d'un rôle à jouer, ne fût-il que de huit jours. Et c'est ainsi que notre pays est appelé périodiquement à de grands désastres. Les guillotineurs de 93, les érudits, s'entend, savaient bien que leur règne ne durerait pas. Napoléon Ier savait, en 1813, que son gigantesque édifice s'écroulait ; il savait surtout que son retour de l'île d'Elbe était un crime inutile. L'anodine République de 1848 comprenait que la France ne voulait pas d'elle. Le second Empire, sentant que son œuvre se disloquait, n'a tenté cette folle guerre que pour se raccrocher à une branche de laurier.

Ces messieurs du 4 Septembre n'ignorent pas que la pauvre France est à terre, et que tous leurs efforts, factices ou sincères, ne serviront de rien, tout au contraire ; mais ils veulent que leur nom soit attaché à une grande épopée et que l'histoire de ce siége de Paris, le plus grand événement des temps modernes, porte sur son frontispice le cachet de leur présence. Là, et pas ailleurs, est le secret de leur ardeur, orgueil et vanité.

13 et 14 octobre.

Rien de nouveau, des cancans, des histoires, toujours les mêmes; le canon tonne pendant toute la journée. Le 14, vers deux heures, je vois tout le monde en mouvement. Est-ce une alerte? une invasion nouvelle ? C'est un ballon qui apparaît sur l'horizon, venant de Paris. Aussitôt, tout le monde oublie les Prussiens; ce ne sont que courses affolées dans la plaine, cris assourdissants ; le village entier sort sur l'avenue des

Sœurs et se met à pousser de vrais hurlements. Tout à coup une vive fusillade retentit du côté de Marles; ces cris, ces coups de fusils me portent la mort dans l'âme. J'ai cru un moment à l'attaque d'un village voisin et je voyais les habitants poursuivis, éperdus dans la plaine. J'avais beau supplier les gens de rester tranquilles; impossible. Ils criaient au ballon : « Descendez; jetez-nous des papiers; déroulez votre corde! » Les imbéciles ne comprenaient pas que si par malheur ils étaient entendus des voyageurs, entourés comme nous l'étions de Prussiens, c'était peut-être les exposer à être faits prisonniers ou pis encore. Les coups de fusils tirés en effet sur l'aréostat, par des Prussiens logés à Marles et à Fontenay, l'avertirent fort heureusement du danger; celui-ci après être descendu assez bas en passant, ou en semblant passer au-dessus de nos têtes, laissa tomber un sac de lest, remonta rapidement et disparut au bout d'un certain temps dans la direction de Provins. Je n'ai pas assez vu de ballons, je connais trop peu ces moyens de transport, pour me rendre un compte exact de la hauteur et de l'éloignement où celui-là se trouvait. Mais comme dans tous les villages environnants, chacun a cru qu'il allait lui descendre sur la tête, j'en déduis que nous nous sommes très-mal rendu compte des distances. Je viens d'éprouver une des plus grandes émotions de ce temps si fertile pourtant en impressions désagréables.

Je voyais ce ballon descendant, toute la population se ruant sur lui, s'emparant des voyageurs, les fêtant, les entourant, puis tout à coup un escadron prussien tombant à l'improviste au milieu de cette foule, sabrant tout le monde, exigeant la livraison des dépêches et des hommes, en un mot, une suite de catastrophes toutes plus déchirantes les unes que les autres. Enfin, encore une fois, nous en sommes quittes pour la peur; je vous fais grâce de toutes les réflexions que m'a suggéré le sort de ce ballon. Où allait-il? combien de temps pourrait-il se soutenir? n'allait-il pas trouver plus loin le danger auquel il avait échappé ici? que portait-il dans sa nacelle; Gambetta ou Garibaldi? car je sais que nous possédons ce saltimbanque. Quel nouveau mensonge allait-il répandre dans notre malheureux pays! Quelle nouvelle victoire illusoire allait-il nous débiter!

15 octobre.

A huit heures du matin, vous lisez bien, huit heures du matin, au petit jour, par un brouillard à couper au couteau, on frappe vivement à ma porte. Les Prussiens sont dans la cour. Déjà! mais à pareille heure! ils n'ont pas fait leur étape. Je m'exécute pourtant, et je me trouve en face de cinq ou six uhlans, dont un officier de fort bonne mine. Je suis déjà habitué à les juger à la première inspection ; celle-ci ne me semble pas trop défavorable. Ces messieurs viennent réquisitionner du foin et de l'avoine ; ils ont laissé leurs voitures dans le village et ne voulaient rien prendre sans avoir vu le maire. Je fais descendre de cheval l'officier que votre mère reçoit et, accompagné du sous-officier, je forme le convoi qui n'a fort heureusement que trois voitures. L'affaire s'arrange avec de bonnes formes et je ramène mon homme rejoindre son chef au château. Il me dit, chemin faisant, qu'il est Holsteinois ; je lui rappelle les événements de 1864 où la Prusse a violemment arraché ses compatriotes à leur cher Danemark. Ah! les temps sont bien changés; maintenant il trouve charmant de faire partie d'une armée victorieuse; la haine des Français est chez ces gens-là invétérée jusqu'à la moelle des os. Toute notre spirituelle presse avec ses bravades, ses frontières naturelles, sa jactance et ses sottises a été habilement exploitée contre nous; on a fait revivre les souvenirs du premier Empire; on a raconté à ces peuples l'annexion de la Savoie et on leur a montré la paix du monde, possible seulement après notre écrasement. Si nous avions été vainqueurs, nous aurions été les flambeaux de la civilisation; vaincus, nous en sommes les fléaux.

L'officier était resté pendant ce temps-là avec votre mère qui avait tâché de lui prouver qu'il serait impolitique à l'Allemagne de prendre la Lorraine et l'Alsace; c'est l'idée fixe de la pauvre femme! Chaque fois qu'elle parle à un Allemand elle lui débite son petit boniment. Et, avec le temps, si elle peut ainsi persuader les 25,000 officiers de l'armée prussienne, il est possible qu'elle arrive à un résultat....

A dix heures, ces messieurs étaient partis, et la journée ayant commencé de bonne heure, je me croyais débarrassé. Nullement; voici qu'une longue colonne apparut du côté de la Fortelle, contre tous les usages. Arrivée à la grille elle s'arrêta et je reconnus avec effroi mes ennemis les Wurtembergeois. Le commandant, un lieutenant de mauvaise mine, me dit qu'il était chef de razzia, mais qu'elle est terminée; il vient seulement avec son monde faire un déjeuner champêtre sur l'herbe.

— Rassurez-vous, ajoute-t-il, nous avons tout ce qu'il nous faut; nous ne demandons que du bois et de l'eau.

Cependant se déroulait le long cortége des voleurs et des volés; quatre cents hommes tant d'infanterie que de cavalerie, vingt-cinq ou trente voitures dont un phaéton très-propre, avec chevaux de maître et harnais armoriés, bondé de fusils de chasse, carniers, trompes, boîtes de toutes sortes, fruits du pillage de la veille; plus, cent dix vaches et deux mille moutons. Jugez du remue-ménage que fait cette armée dans le jardin où tout est pêle-mêle; les bestiaux dépaysés, courant, bêlant; les chevaux, les hommes piétinant partout. Ah! c'est bien là le pillage dans toute son horreur.

Au bout d'un certain temps les bivouacs se forment, les feux s'allument ; on tue deux vaches et trois moutons, à notre nez, sur le gazon qui se couvre de sang et de débris de toutes sortes, à côté des Allemands qui cuisinent et ripaillent.

En regardant du coin de l'œil les objets contenus dans le char-à-banc, j'aperçus deux ou trois sabres de cavalerie dont la coquille portait des fleurs de lys ; ils appartenaient, je crois, au général D.... Je les montrai à un officier et je lui dis dans le meilleur allemand que je pus trouver :

— Voyez-vous ces sabres ? il y a plus de quarante ans qu'ils ne sont sortis du fourreau ; vous les avez pris chez un brave officier dont le père était général aussi. Il est, Dieu sait où, à faire son devoir, mais quand il rentrera dans sa maison dévastée et qu'il n'y retrouvera plus ce qu'il croyait sacré, les armes de son père, il ne croira jamais que des soldats loyaux ont passé par là, mais bien plutôt des voleurs et des pillards. En dérobant ces épées vous avez fait une vilaine action. Priez Dieu, monsieur, qu'un jour ce fils outragé ne vienne pas à votre foyer demander compte de ce fait d'armes. Vous semez la haine dans notre pays; un jour, peut-être, la récolte sera mûre.... alors ne vous étonnez pas si elle est abondante.

Ce discours débité avec effort dans un jargon improbable perdait beaucoup de son effet; cependant mon officier le comprit parfaitement, balbutia qu'on n'était pas maître des soldats, que pour sa part il n'aurait jamais fait ce pillage; les maisons inhabitées étaient moins respectées que d'autres, d'ailleurs il ne commandait pas le détachement et puis, après tout, ils étaient vainqueurs, et pour eux aussi c'était une revanche....

Il était deux heures; l'officier bourru me dit :

— Nos bestiaux sont trop fatigués, nous allons coucher ici.

Quelle agréable nouvelle! conserver pendant vingt-quatre heures d'aussi aimables hôtes! Il fallait tout organiser, coucher les hommes, loger les chevaux et les animaux, ce n'était pas mince affaire. Il est vrai que la ferme présentait un local d'autant mieux approprié, que, les razzias précédentes ayant tout pris, les places étaient vides et toutes prêtes. On entassa les cent vaches dans la cour et les moutons dans les hangars. Les hommes inondèrent les corridors, les escaliers....

en un mot, le château avait tout à fait l'air d'une place prise d'assaut. Je dois dire que le salon et nos chambres ont été préservées de ce contact. Il n'en fut pas de même de la chambre de Robert, dans laquelle s'introduisirent sans bruit et sur la pointe des pieds trois ou quatre gaillards. Ils ont raflé toutes les bottes, ouvert tous les tiroirs, volé des cigares, des rasoirs, des pipes, des épingles de cravate.... Du reste, c'est bien notre faute, car un officier plus aimable que les autres avait dit à votre mère d'un air pénétré et dans un moment d'expansion :

— Oh ! madame, nos hommes ne prendront rien, mais fermez bien vos portes.

C'est ce qui s'appelle connaître son monde ! Hélas ! on n'est pas parfait ; cet officier logeant dans une chambre où il y avait à portée de la main une copie de la *femme au saint Ciboire* de Carlo Dolci, l'a délicatement retirée de son cadre et mise dans sa poche ; il avait, du reste, fait preuve d'intelligence, c'était la seule peinture passable qu'il y eût dans la chambre.

Revenons à la suite de la journée. Me voyant avec quatre cent cinquante invités sur lesquels je ne comptais pas, j'étais fort embarrassé. Je le dis de toute la bouche à l'officier, que n'ayant pas été prévenu à temps, je n'avais pu faire faire une fournée de pain et que je n'avais pas de viande; nous n'en avions même pas pour nous.

— Oh! qu'à cela ne tienne, me dit le lieutenant d'un air charmant, nous avons des provisions à ne savoir qu'en faire. Et je l'entendis donner à ses hommes l'ordre d'abattre encore un ou deux animaux et de détacher *Ein schœnes stück* pour la famille.

Oui, mes enfants, c'est ainsi; nous avons vécu pendant quatre jours de viande volée par les Prussiens à nos pauvres concitoyens; puisse cette digestion nous être légère! Ces messieurs les officiers au nombre de huit se sont installés dans notre salle à manger. Ils m'ont fait l'honneur de m'inviter à dîner avec eux; honneur que j'ai décliné, en leur disant fort sérieusement qu'ils ne pouvaient me croire capable de boire et rire en leur compagnie. Je dois vous dire, entre parenthèse, que chaque fois la même cérémonie se renouvelle; lorsque le dîner est servi, ces messieurs se mettent en rond et debout autour de la table, me font prévenir, déclarant qu'ils ne se mettront pas à table sans moi. J'arrive; je leur explique que, dans les circonstances pénibles où nous sommes, il m'est impossiblo de m'asseoir à la même table qu'eux. Ils me font un grand salut que je leur rends et je me retire. Il en est toujours ainsi. J'ai fini par savoir mon petit discours, et je le répète comme un rôle.

Vers neuf heures, lorsque alourdis par la mangeaille et la boisson, mes hôtes eurent pris cet air triste et épais des Allemands lorsqu'ils sont repus, ils se couchèrent. Alors à petit bruit, nous allâmes, votre mère et moi, manger chez M. E.... un petit morceau de viande.... prussienne! La nuit fut tranquille et, à six heures, le convoi se mettait en route. Je crus bien qu'ils allaient achever de dévaliser la pauvre ferme. Non. Ils firent au moment du départ une sorte de triage assez équitable entre ce qui était à eux et pas à eux. Pourtant je ne vois pas dans quel code ils avaient pu discerner une différence entre ce qu'ils avaient pris la veille et ce qu'ils pouvaient prendre en ce moment même; mais, comme nous profitions de cette bizarre justice distributive, nous n'eûmes garde de récriminer. Leurs mains s'égarèrent bien sur quelques pintades, une ou deux poules, quelques seaux, un sac, un panier, par-ci par-là ; ils allèrent grimper dans mes voitures et coupèrent tous les stores pour avoir la soie, mais, avec de tels gens, il faut s'estimer heureux d'en être quittes à si bon marché.

J'ai eu, après leur départ, le secret de leur visite et de leur séjour ; qnelques soldats souriaient en nous regardant, prodiguaient des caresses à Ramona, la vieille jument, affectaient des airs de connaissance avec le chien du concierge. C'est qu'ils faisaient tout bonnement partie de la première bande qui nous avait visité quelques jours auparavant. Allant de Rosoy à Tournan avec toute cette troupe d'animaux, ils insinuèrent à leurs chefs qu'il y avait, non loin, un grand château avec de grandes pelouses, de bons communs, une vaste ferme, veuve de ses habitants, et un bon gîte, où on passerait une excellente nuit. Et voilà !.... En somme, c'étaient de bons voleurs. Mais, par leur gaspillage, on jugera de ce qu'il faut de semblables razzias pour ravitailler une armée. Ils étaient moins de cinq cents ; ils ont gâché de la viande pour cinq cents hommes, se sont rallongés d'un jour pour être bien couchés une nuit, ont laissé par terre un tas de bouteilles, de marmites, de ferrailles. Les pauvres habitants qu'ils avaient visités avant nous n'en étaient pas moins dépouillés! Mais, pour nous, je le répète, ils ont été bons voleurs.

16 octobre.

Nouvelle alerte, mais d'un autre genre. Je reçois une grande lettre officielle, avec cachet prussien et cachet de la sous-préfecture doucement entrelacés; elle m'annonçait que sa gracieuse majesté le roi de Prusse impose le département d'une contribution d'un million, payable sous.... trois jours, pour indemniser l'Allemagne des pertes qu'a subi son commerce dans la mer Baltique. Pourquoi ce prétexte ingénieux et invraisemblable, expliquant un impôt qui justifie (?) le droit de la force, le meilleur de tous à la guerre? Pourquoi nous punir d'avoir capturé les navires allemands partout où nous les avions rencontrés? Il paraît que, de par la sainte morale du pieux roi Guillaume, il faut tout prendre mais ne rien perdre. Quoi qu'il en soit, pour ma part, tant à Lumigny que dans les communes où je paie des contributions, j'en ai pour plus de cinq mille francs à produire sans respirer. Encore un coup semblable, et la pauvre ceinture sera à sec, et il me faudra à la lettre demander mon pain à crédit ou.... à l'armée prussienne, car les grands murs, les belles fleurs et les gros arbres ne remplissent pas le pot-au-feu, et les fermiers à qui je demanderais de l'argent me riraient au nez....

Dans la même journée, je reçois des missives de mes confrères des environs : les uns me réclamant ma quote-part, d'autres m'insinuant de leur prêter de l'argent, d'autres, enfin, me demandant des conseils. L'avis général est de céder ; nous sommes en plein courant d'ennemis, envahis jusque par-dessus la tête, et toute résistance serait impossible. D'ailleurs, on menace les récalcitrants de l'exécution militaire, menace vague, élastique, mais positivement ruineuse.

Il est très-facile, à Montereau et à Nemours, qui sont en dehors du torrent, de déclarer fièrement qu'on ne paiera pas et qu'on repoussera la force par la force. Il paraît que, là-bas, ils ont des francs-tireurs qui n'ont rien tiré du tout ; des gardes nationaux, qui n'ont rien gardé de national, le tout armé d'espingoles, de socs de charrue, de fourches et de bûches. Ils ont même, disent-ils, une mitrailleuse, qui a été faite chez le serrurier de l'endroit. Les pauvres gens se figurent qu'ils tiendraient contre des régiments et des canons; hélas! ils feront comme les autres; ils tireront quelques coups de fusil au coin d'un bois, puis se sauveront en laissant les malheureux villages porter tout le poids des représailles. Pour le moment, ces contrées recueillent de leur position géographique le bénéfice très-appréciable de refuser l'impôt de guerre; elles ont parfaitement raison. Si l'ennemi a assez de forces disponibles pour détacher des corps volants, qui iront se faire payer rubis sur l'ongle, elles en seront quittes pour s'exécuter; mais, si le hasard les sauve, ce sera toujours autant de gagné et une plume de nos ailes sauvée des griffes du vainqueur. Pour nous, hélas! le choix n'est pas possible; il faut payer ou être écrasés, probablement l'un et l'autre.

18 octobre.

Je suis allé à Rosoy, pour m'entendre avec mes confrères les maires. C'est la première fois que je faisais cette course depuis cinq semaines ; la route me paraissait un paysage inconnu. Depuis mon dernier passage, les feuilles étaient tombées, les teintes de l'automne avaieut fait place à celles de l'hiver, et il soufflait un vent glacé, qui s'harmonisait avec la tristesse du cœur. La ville n'a guère changé d'aspect ; les mêmes flâneurs désœuvrés sur la place m'accueillent avec une figure souriante ; ils sont faits à cette vie comme on se fait à toutes choses, trouvent leur situation bien préférable à la mienne, et ils ont raison !

Le matin, presque toujours, ils sont prévenus du passage d'une colonne, quand elle doit séjourner : sans cela ils assistent, du pas de leurs portes, au défilé des troupes qui ne font que traverser... C'est une distraction. Quand la ville est désignée comme étape, il y a toujours, au moins, un colonel, des médecins, en un mot, des chefs qui réussissent à faire respecter l'ordre. Excepté mon pauvre collègue F...., sur qui tout repose et qui s'acquitte de sa tâche avec un dévouement admirable, les autres habitants n'ont qu'à attendre les hommes à billets de logement et les gorgent de nourriture pour être tranquilles. Parmi les chefs, on accroche parfois.... un monsieur bien élevé, qui, son grand sabre ôté, devient un causeur intéressant, malgré son titre d'ennemi. Et puis, on est entre soi, on se parle dans la rue, on se communique ses impressions, on s'épanche. Dans un grand château, au contraire, seuls, tout seuls, sans enfants, nous nous rongeons mutuellement d'ennui. Nous sommes à peu près constamment sans nouvelles ; de temps en temps un journal ayant huit jours de date, des lettres des nôtres plus qu'irrégulières, et c'est tout. La journée entière se passe, pour moi, à regarder à la grille ou à rôder dans le village ; je ne puis fixer mon esprit à aucune occupation sérieuse ! En aurai-je vingt-cinq ou trois cents ? Aurai-je affaire à un galant homme ou à un sacripant ? Vais-je revoir une nouvelle nuée de Wurtembergeois ? Y aura-t-il une rixe dans le village ? Va-t-on emmener des ôtages ? Pourrai-je tout loger au château ?

sinon, comment distribuerai-je mes billets de logement ? Conserverai-je mon sang-froid ou perdrai-je patience ? Depuis quelques jours, il fait un temps affreux ; s'ils arrivent crottés, mouillés, de mauvaise humeur, comment et où les faire manger? Tels sont les sujets constants et peu intéressants de mes préoccupations ; le soir venu, on respire. Mais alors, lorsqu'en tête-à-tête nous avons ressassé cent fois les mêmes sujets, arrangé des solutions et toujours mâché dans le vide, une grande fatigue, un profond découragement s'emparent de nous, et nous nous séparons pour recommencer le lendemain.

Ce soir, je suis plus que jamais en veine de chercher ces fameuses solutions ; car il en faudra bien une. Quelle est celle dont on peut entrevoir seulement la possibilité ? Aucune. Avec qui la Prusse voudra-t-elle traiter ? Avec personne. Admettons qu'à Paris et à Tours on comprenne, enfin, l'inutilité complète de la défense à outrance, autrement que comme point d'honneur ; il est évident que le jeu des rouges du Midi est de ne rien accepter et de se constituer en résistance ouverte avec le Nord de la France. Alors il faudrait donc que les pauvres débris de nos armées soient employés à la guerre civile, quand elles ont si cruellement échoué dans la défense du pays ; ou bien, il faudrait que la Prusse occupât tout, de Brest à Marseille; elle ne le peut vraiment pas. Alors que peut-elle ? car je la crois aussi embarrassée que nous. Il y aurait un moyen bien simple, c'est que l'armée ennemie, épuisée de fatigues et de maladies, fit une retraite comme celle de Russie, et, en huit jours de fuite désordonnée, nous débarrassât d'elle, de ses casques à pointe et de ses uhlans. Mais ceux qui nous présentent ce mirage ne peuvent un instant y croire sérieusement. Nous avons bien tenu un an, à Sébastopol, dans une presqu'île défoncée, à trois cents lieues de notre pays, pour une solution au fond assez peu importante, comparée à celle-ci. On ne me fera pas croire qu'un peuple quitte résolûment ses foyers pour, à la première pluie, s'en retourner, à la risée de l'Europe, qui opérerait contre lui la même volte-face qu'elle a opérée contre nous. Et cela devant le plus beau pays du monde; quand il n'a pas éprouvé un seul échec depuis le commencement de cette campagne vertigineuse; quand il sait qu'en barrant seulement les routes et les canaux il rend le ravitaillement de Paris impossible ; quand il peut vivre sur le pays ennemi. Il voit qu'il n'a contre lui que des mobiles et des francs-tireurs; qu'il peut mettre, dans chaque ville, une garnison de deux mille hommes et peser ainsi sur vingt lieues à la ronde. Je commence tout à fait à croire qu'on ne prendra pas Paris par force. Mais la faim est là, qui viendra à grands pas, et alors, après cette immense satisfaction donnée à son amour-propre; après la prise de Lyon, qui arrivera aussi peut-être ; après s'être gorgé de tout l'argent et de toutes les richesses du pays, il sera possible que l'étranger soit plus coulant sur la question des frontières, s'il fait preuve d'un grand sens politique et d'une grande générosité, très-rare chez les vainqueurs. Au fond, n'en déplaise aux chauvins du journalisme et des pavés, M. de Bismarck a raison, quand il demande en quoi l'honneur de la France est différent de celui des autres pays. Si nous avions été vainqueurs, nous aurions pris les bords du Rhin, nos fameuses frontières naturelles (nous l'avons assez crié par-dessus les toits). Certes, il n'y a dans ces contrées, ni communauté d'origine, ni aspirations sérieuses vers une réunion à la France. Nous les aurions pris du droit de conquête, comme la Prusse a pris la Silésie, comme nous avons pris l'Alsace sous Louis XIV, comme nous avons pris la Belgique et une partie de l'Allemagne sous l'Empire, comme nous avons pris l'Algérie, comme on prend tout en guerre. Quand la Russie a cédé à Sébastopol, quand l'Autriche a cédé à Solférino et à Sadowa, l'orgueil national a pu gémir, mais ces peuples ont subi la condition des vaincus, sans que leur honneur eût, pour cela, reçu la plus petite atteinte, pas plus que le nôtre à Reischoffen. Tâchons donc, pour Dieu, de sortir du mensonge. Ce qui attaque l'honneur, ce n'est pas la défaite, ce n'est pas l'écrasement, c'est l'oubli du devoir, du respect aux choses sacrées. Je le dis et je le répète, je voudrais pouvoir le corner aux oreilles de tous les proconsuls, qui trônent, inutiles et bruyants, dans toutes nos provinces. On ne songe pas assez au pays, on voudrait seulemeut renverser l'ordre social et se faire un piédestal avec ses ruines. L'enthousiasme est factice, la défense n'existe pas; nos armements sont destinés à autre chose, et c'est ainsi qu'on perd l'honneur de la France, en mettant la République avant la patrie.

Et pourtant tout ceci passera. On racontera ces événements dans des livres que les enfants liront;

un temps calme succédera à ces tempêtes, et on les oubliera, comme on oublie tout. Puissent ces grandes misères nous apporter quelques enseignements et nous rendre meilleurs! Je l'espère, mais je ne vois encore aucun signe de repentir, aucun retour dans nos mœurs. Au contraire, là où la crainte du danger n'est pas imminente, on rentre dans les errements de 93, on recommence la tragi-comédie des armes cachées dans les couvents, des traîtres, des suspects, des comités de salut public, des attendrissements, larmes, chansons et accolades patriotiques; on va chercher, dans les cartons, dans cette vieille défroque, on s'en affuble et on recommence la même pièce. La *terreur* empêche les honnêtes gens de se révolter contre la même tyrannie; aussi les jongleurs de clubs exploitent-ils cinq ou six de nos grandes villes et ils y font bien plus de politique que de défense nationale. Décidément, je m'arrête dans mes élucubrations, car je deviendrais fastidieux; je m'y suis laissé aller, parce que, ce soir, je n'ai pas de Prussiens, et pour que vous ayez une idée du travail et des colères de mon imagination..... Si j'avais un auditoire républicain, je lui en dirais bien d'autres.

18 octobre.

C'est le jour fixé pour aller à Coulommiers porter notre pauvre argent. Je fais avec M. F.... cette route, ordinairement si animée, le mercredi. Pas une seule voiture, partout les traces désordonnées du passage d'une armée ; des papiers, des os, des lambeaux de viande, des plumes de volaille, des bouteilles vides, des roues cassées, des fers de chevaux, de la boue, des ornières, en un mot, le désordre, l'abandon et le trouble. A Maupertuis, toutes les maisons sont ouvertes, quoique habitées ; une couche de paille est répandue partout, prête à recevoir les hôtes de la nuit ; car il vient tous les jours des garnisaires ! En entrant à Coulommiers, je vois un mouvement énorme mais, hélas ! plus de soldats que d'habitants. D'abord, il y a dans cette ville une garnison fixe de huit cents hommes, puis, tous les jours, trois ou quatre mille autres y couchent en passant. Pendant toute la journée, c'est une file non interrompue de chariots pleins, croisant une autre file de chariots vides. On est fait à cette bizarre existence ; il n'y a pas beaucoup de querelles, de disputes ; on prépare ce qu'il faut, et rien n'est moins querelleur que le soldat allemand, quand... il a ce qu'il se croit en droit de réclamer. Incontestablement les officiers sont, généralement, bien élevés ; beaucoup parlent un français passable. On finit par s'entendre, et comme l'apparence même d'une résistance n'est jamais en question, on ne souffre pas trop, si ce n'est de la dépense qui creusera, pour la ville, un abîme de dettes insondable.

Sur la place de l'Hôtel-de-Ville, c'est un va-et-vient continuel ; beaucoup d'officiers au café, assis paisiblement ; en face, sur une assez jolie maison, se déploie l'affiche importante : *Etapen Commando*. C'est là que demeure le chef d'étape et son lieutenant. Comme ils sont deux, on appelle ici le premier *Monsieur Etapen*, et le second *Monsieur commando*. On dit : *Etapen* n'est pas mal, mais *Commando* est insupportable. Il n'en est pas moins vrai qu'ils sont d'une immense ressource pour adoucir les difficultés de tous genres, qui ne peuvent manquer de surgir à tout instant ; ils s'y emploient activement et de bonne grâce. Si on ne me trouve pas assez furieux, qu'on s'en prenne aux habitants de Coulommiers, dont je traduis fidèlement les impressions. Je sais bien que, quand ce sera fini, on dira : Ah ! les voleurs, les brigands, les monstres, ils nous ont pillés et massacrés ! Mais j'écris au jour le jour, c'est le seul mérite de ces notes, et j'affirme la vérité de ce que je dis. Autant, dans les villages et les fermes, la réquisition est violente et odieuse dans sa forme, autant, dans les villes, l'ordre est parfait, grâce à une discipline dont nous ne nous faisons aucune idée, avec nos beaux principes.

Comme, quoi qu'on en dise, le Français adore le pouvoir, quel qu'il soit, on était ému, ce jour-là, de la présence du.... préfet. Quel préfet?... Parbleu ! du préfet prussien, le comte de F.... Mon Dieu ! c'est ainsi, tout le monde l'appelle monsieur le préfet. Avant-hier, on avait un préfet de l'Empire, hier un préfet de la République, aujourd'hui, un préfet de la Prusse et tous les trois sont : monsieur le préfet ! je vous vois d'ici, mes nobles enfants, pleins d'une vertueuse indignation, hausser les épaules de pitié.

Il n'y avait qu'un moyen de protester, c'était de s'en aller. C'est ce qu'a fait notre sous-préfet républicain; il a filé, ne voulant pas avoir la honte de pactiser avec le préfet prussien. Au fond il a bien fait; sa position eût été impossible et surtout ridicule. Mais si nous en avions fait tous autant, que seraient devenus les pauvres gens dont nous seuls pouvons défendre les intérêts; sauver, par nos efforts, la vache, la grange, et peut-être le dernier écu? Ah! bah! il se soucie bien de cela, le républicain. Il n'en reviendra pas moins, quand l'orage sera passé, dire qu'il n'a pas trempé *dans de lâches condescendances*....

Tous les maires se réunirent dans une salle de l'Hôtel-de-Ville pour se concerter; il fut convenu qu'on ne verserait qu'une partie de la somme exigée, les deux tiers, la moitié même, pas également ni en compte rond, mais selon les facultés de chacun. J'avais rédigé une sorte de protestation à l'autorité prussienne, pour lui démontrer l'écrasement de cet arrondissement constamment occupé, et l'impossibilité de plus grands efforts; j'y parlais aussi de la rigueur terrible des réquisitions et des formes sauvages avec lesquelles elles se faisaient. Mon petit factum eut l'approbation de mes confrères, et plus de cinquante le signèrent avec moi. Il fallait le déposer entre les mains de ce monsieur le préfet, et je fus désigné pour cette besogne avec M. de M..., le maire de Coulommiers. Je trouvai un dragon bleu de ciel, élégant et bien tourné, 45 ans environ, parlant français exactement comme vous et moi, poli et de manières fort dignes. Hélas! il n'aime ni la République, ni les républicains, regrette sa maison, sa famille, son château, n'a qu'un uniforme de courtoisie et n'a jamais tiré son grand sabre. Il m'a affirmé qu'il trouvait cette imposition inique et impossible à percevoir, et il nous a autorisés, mes collègues et moi, à ne verser qu'une partie de la somme. Je lui glissai mon factum, qu'il reçut fort poliment, en me disant qu'il le croyait peu efficace, mais qu'il s'engageait à le faire passer à l'état-major. Il m'a, de plus, assuré que les vraies opérations du siége n'avaient pas commencé aujourd'hui, 19, les gros canons n'étant pas en position, et qu'on n'attaquerait pas un fort, sérieusement, avant le 25 au plus tôt. On verra bien s'il dit la vérité. Il m'a dit aussi : « Jamais on ne pourra croire à quel point vos journaux vous ont menti, depuis le commencement de cette guerre, il semble qu'Empire et République se sont donnés la main. » Je baissai la tête, car je suis exactement de son avis.

— Depuis quinze jours, m'a-t-il dit, chaque fois qu'un guidon de uhlans se montre à l'horizon, il part de vos forts 50 coups de canons, qui font trembler la terre. Vous faites des sorties victorieuses, où vous ne perdez que dix hommes, c'est parfaitement vrai, mais nous n'en perdons pas davantage, car ces sorties n'existent que dans l'imagination de vos chroniqueurs.

Le récit de nos fautes et de nos insuccès m'ennuyait d'autant plus, que je n'avais rien à répondre. Je tirai ma révérence à.... monsieur le préfet et fus rejoindre mes compatriotes pour verser l'argent ; l'opération dura longtemps ; on faisait queue au guichet, comme pour les recettes ; on avait hâte d'en finir.

En sortant, je fus frappé au cœur par un spectacle que je n'oublierai de ma vie. Un certain mouvement s'opérait sur la place ; un poste arrive rapidement, éloigne les curieux, fait la haie et je vois tout à coup déboucher une longue colonne de prisonniers français. Ce que j'éprouvai, mes chers enfants, vous le comprendrez sans peine ; il y avait deux mois que je n'avais vu cet uniforme et ce pauvre pantalon rouge! Les larmes me venaient aux yeux, et je fus obligé de me détourner pour ne pas trahir mon émotion. Hélas! tous ceux qui m'entouraient couraient empressés.... pour voir!... Oh! le peuple, le pauvre peuple! pourvu qu'il ait un spectacle, il accepte tout, *panem et circenses*. Maudite soit la race dégénérée qui peut regarder sans frémir cette longue file de nos enfants, qui partent pour les prisons d'Allemagne, tandis que nous, ici, nous nourrissons lâchement nos ennemis! Mais vous n'avez donc pas de cœur, vous tous, qui contemplez ce spectacle, l'œil sec? car, pour vous, ce n'est qu'un spectacle.

Vous comprenez, par mon trouble, combien il m'est difficile de vous rendre un compte exact de ce qui a passé : c'était comme une triste ballade, emportée sur un tourbillon. Nos gloires, nos souvenirs, notre orgueil, notre Afrique, nos zouaves, et vous, mes chers garçons, dont la jeunesse s'est écoulée dans cette armée, dans cette grande armée française, encore si magique, il y a trois mois, vous passiez dans mon cerveau comme pendant un cauchemar!

Je sus, plutôt que je ne vis, qu'il y avait là un spécimen de tous les corps, signe certain de la désorganisation où nous nous trouvons. J'ai parfaitement reconnu deux zouaves pontificaux ; ils venaient d'Orléans, où nous avions encore été battus et où ces zouaves avaient conquis l'admiration universelle. Lorsque tout eut défilé (ils étaient huit cents, m'a-t-on dit), les officiers revinrent se promener dans la ville, parfaitement libres. Tous les soldats allemands les saluaient, les sentinelles leur portaient les armes, et, pendant ce temps-là, à Lyon et ailleurs, nos généraux ne sont plus salués par leurs soldats, qui vont dans des clubs où on leur prêche l'indiscipline. Voilà les effets des révolutions et où elles mènent.

Je pus accoster un de nos pauvres officiers et lui serrer la main. Il me navra en me contant qu'il n'y a réellement plus d'armée. On rassemble le fond, le fin fond des régiments ; on y joint des mobiles et des mobilisés, et on fait, de tout cela, un amalgame impossible. On change tous les jours de généraux ; on souffle aux soldats qu'ils sont trahis ; enfin, c'est la désolation partout. Ah! le général Trochu avait bien raison : ce sera un désastre inconnu dans l'histoire!

Je ne veux pas écrire tout ce que m'a dit ce pauvre jeune homme, arrivé d'Afrique, il y a huit jours, brave et confiant, trompé par notre presse et notre fanfaronnade, et maintenant écrasé sous le poids de la réalité. Je ne revins à Lumigny qu'à la nuit close; votre mère, inquiète, m'envoyait du renfort, pour savoir si on m'avait gardé en otage. Un groupe venait au-devant de moi, un autre m'attendait à la grille; car, en ce bienheureux temps, on sait quand on part, on ne sait pas quand on revient.

20, 21, 22 et 23 octobre.

Rien qu'un canon intense, agaçant, fatigant au dernier degré à entendre; il y a des moments où une grande lassitude m'envahit. A Paris, au moins, une agitation physique et morale, la foule qui se remue, peut-être quelques dangers honorables à courir, une vie fouettée et surexcitée, soutiennent, et puis on se repaît d'illusions, on croit encore à un succès, on attend, comme la sœur Anne, les armées de la Loire, de l'Est, de l'Ouest, du levant et du couchant; les journaux entonnent la trompette du triomphe; on se complaît dans sa propre situation et on se dit qu'on donne à l'Europe un spectacle inouï : celui d'une capitale de deux millions d'âmes résistant sans défaillance à un investissement de quarante-cinq jours. Chacun se trouve un héros, ce qui fait passer le temps. Aussi je comprends l'exaltation qui doit s'emparer de tout le monde.

Ici, combien, hélas ! ma triste position est différente ! Je ne suis resté que pour accomplir la tâche ingrate et assez humiliante de sauver les biens, la liberté, la vie même des habitants de mon village ; or, je ne peux absolument arriver à ce résultat que par une condescendance vis-à-vis de l'ennemi, qui me coûte plus que vous ne pouvez le croire. Je ne veux pas faire le crâne et le brave à tous crins, mais je vous jure, en me scrutant bien, que j'aimerais mille fois mieux avoir un fusil et marcher avec tous mes amis, qui sont dans Paris, que de rester là inerte et passif, poli avec l'étranger, pour obtenir de lui un peu de discrétion dans ses exigences et sauver ainsi quelques bestiaux, quelques sacs d'avoine et surtout les nombreux conducteurs qu'on nous emmène sans cesse. J'ai la petite satisfaction d'avoir réussi, car, jusqu'ici, tous les habitants de Lumigny sont revenus, le soir ou le lendemain, sains et saufs et même bien traités. Mais, franchement, quel métier et quel rôle !

Je l'ai déjà dit bien souvent, dans ce récit, c'est l'incertitude et l'angoisse qui sont insupportables, surtout à cause de leur durée. Songez donc que voilà quarante jours passés ainsi.... Mais c'est un siècle ! Et ne pas entrevoir la fin, ne pas pressentir un crépuscule dans cette nuit ; voilà ce qui ôte les forces.

Je me rappelle que, lorsque j'eus le doigt coupé à la chasse, je fus soumis à un système d'eau froide tombant, goutte à goutte, pendant quinze jours entiers, sur le membre blessé ; c'est bien peu de chose une goutte d'eau, eh bien ! j'ai conservé un souvenir affreux de ce tic-tac perpétuel, incessant et d'une épouvantable régularité. Mes journées ici me rappellent celles-là, et j'aime mieux, quand je suis envahi, submergé, m'occuper d'ordres à donner, de surveillance à exercer, être chargé d'une responsabilité sérieuse, qu'attendre en regardant cette grille et dans une monotone anxiété l'arrivée redoutée des garnisaires. Ma seule consolation est d'écrire ces lignes et de penser que vous les lirez, mes enfants chéris.... Mais serez-vous tous à l'appel ? C'est la terreur qui me bouleverse à chaque instant. Voilà que moi, qui ai horreur des digressions, j'en abuse ; que voulez-vous? Je pense à tant et tant de choses, dans ma prison, que je ne puis m'empêcher de laisser courir sur le papier tout ce qui me vient à l'esprit. C'est un soulagement pour mon cerveau malade, et j'écrirais comme cela des volumes, si je me laissais entraîner. Mais, direz-vous, ce serait un torrent, une inondation ?.... Rassurez-vous, je reviens aux faits ; il est vrai qu'ils deviennent monotones, à la longue.

23 Octobre.

Quand je vous disais que j'avais raison de ne pas être rassuré un moment ! A plus de cinq heures, c'est-à-dire à la nuit tombante, j'aperçois une certaine agitation dans le jardin ; le garde champêtre vient me dire qu'il y a deux cavaliers dans le village, qui parcourent tout au galop sans rien dire à personne ; ils ont été au cimetière, ont fait le tour de l'église, regardé dans le jardin des Sœurs. Pendant ce récit, j'aperçois un groupe à la grille; j'y vais, je trouve une voiture et une dizaine de soldats avec un officier ; il me dit qu'il précède six cents hommes..,. ah ! mon Dieu ! à pareille heure.... Il vient seulement chercher de quoi manger; il est probable que son monde ne viendra pas ici et va camper dans la plaine de Pezarches. Je suis loin de le dissuader de cette manière champêtre de passer la nuit. Il demande trois cochons, une vache ou huit moutons ; j'opine pour les moutons comme moins chers qu'une vache, et, avec une entière équité, je décide que nous irons les chercher à la Ville-du-Bois, qui a moins fourni que les autres fermes, idée paternelle mais bizarre, car c'est presque un voyage par la nuit devenue noire. Je m'offre naturellement pour conduire ces messieurs, et me voilà monté avec eux dans la charrette, au milieu des baïonnettes, comme un condamné à mort qui marche à l'échafaud. Votre mère ne goûtait pas ce départ, mais il ne fallait pas attendre, car avec les militaires, l'important c'est la rapidité dans la décision et dans l'exécution. Nous montons l'avenue de Marles, nous prenons le chemin de Champlet, nous arrivons à la Bectarderie, et mes compagnons trouvent le chemin long. Ils sont surtout étonnés en nous voyant nous diriger vers les bois.

Leur étonnement devint une agitation non déguisée lorsqu'ils entendirent à deux ou trois cents mètres retentir un gros coup de fusil. Devinant leur pensée, je leur fis observer que m'ayant comme otage ils n'avaient rien à craindre; je tâchai de leur faire comprendre que c'étaient d'*honnêtes* (?) braconniers qui, tous les soirs, fêtaient de la sorte le joyeux avénement de notre jeune République. Ils étaient néanmoins fort sérieux et regardaient de tous côtés. C'étaient de grands gaillards de six pieds de haut, de la landwher poméranienne, âgés d'environ quarante ans, grisonnants, peu militaires et nullement féroces. Figurez-vous notre invasion dans cette ferme par une nuit noire et pluvieuse. Je me nomme de suite à la pauvre fermière pour la rassurer; nous empòignons au plus vite huit moutons, nous les garrottons et les hissons dans la voiture. Tout le monde était pressé de se quitter; nous arrivons au village où j'avais fait préparer à la hâte quelques miches de pain. On me signe une reconnaissance, formalité à laquelle tiennent ces messieurs pour dorer la pilule, et, ma foi ! ils repartent, Dieu sait pour où, avec leur butin ; je ne les ai jamais revus. Vous voyez bien qu'il n'y a pas une heure où l'on puisse se dire tranquille.

Le 24, j'apprends qu'à Grandpuits, village près de Boisboudran, une affaire sérieuse a eu lieu la veille. Environ deux cents Prussiens étaient dans une ferme, occupés sans doute à la débarrasser de son superflu, lorsque des gardes nationaux, francs-tireurs de Nangis et de Montereau, au nombre d'environ huit cents, sont venus attaquer la ferme, sans ordre, sans chefs, et comme des fous. Pour mieux dissimuler leur approche, les imbéciles, chemin faisant, avaient tiré quelques lièvres à nos amis G...., ce qui fait qu'à leur arrivée la ferme était barricadée et qu'un feu nourri partait de toutes les fenêtres, de toutes les lucarnes, des toits, des caves. En un instant nos pauvres gens sont mis en fuite, laissant bon nombre des leurs sur le carreau. La cavalerie ennemie, qui était dans la cour, sort alors et ramasse une quinzaine de prisonniers. Là où le rôle des troupes ennemies devient indigne, c'est qu'elles ont fusillé deux hommes près de Rosoy ; cela est vrai.

M. G...., le médecin, les a vus et palpés. Je trouve inouïe cette colère contre de pauvres gens qui défendent leur bien. Tirez-les, tuez-les, mitraillez-les pendant l'action, c'est la guerre ; mais des prisonniers sont toujours sacrés, excepté pour les sauvages qui les mangent ; encore est-ce une excuse pour eux.

Je voudrais faire afficher dans tous les postes prussiens la fameuse circulaire du roi Guillaume, le père de celui-ci, adressée en 1813 à ses sujets, où il est dit *que pour repousser l'étranger toute arme est bonne; que tous, femmes et vieillards, doivent s'armer de tout ce qui leur tombe sous la main, couper les routes, abattre les arbres, intercepter les convois, en un mot opposer à l'envahisseur une résistance désespérée*. Ce roi patriote excitait ses sujets à faire ce qu'il condamne si fort et réprime si sévèrement dans notre pays. Après tout, pendant une invasion, tout le monde ne peut pas avoir des pantalons rouges et des pompons à numéros, et il est absurde de traiter en brigands ceux qui s'arment pour la défense de leurs foyers.

J'ai toujours considéré comme une infamie et une lâcheté de tuer dans son lit un ennemi sans défense, ce à quoi nous invitent *le Siècle* et autres bons journaux, du fond de leur officine; mais une attaque à ciel ouvert, de jour ou de nuit, dans les plaines ou dans les bois, est assurément de bonne guerre, tout comme les embuscades ou les surprises d'armée à armée. Si vous ne voulez pas que les paysans prennent part à la lutte, ne leur en faites pas sentir les plus terribles effets par le pillage et la dévastation; nourrissez vos troupes régulièrement si vous le pouvez, sinon ne trouvez pas étonnant que ces malheureux repoussent la force par la force. En tout cas, un homme pris dans ces circonstances doit bénéficier du droit des gens, sous peine de manquer aux strictes lois de l'honneur. Tous les journaux sont pleins de fusillades du genre de celles dont je parle; je ne sais si elles sont vraies; je parle de celles-ci dont je suis sûr. Comme vous le pensez, ce nouveau genre d'émotions a fort agité le pays. Ce jour-là même (le 23), Follope, le boulanger, avait été à Nangis s'approvisionner de sucre, sel et chandelle, car Nangis est maintenant notre seule voie de communication. Il ne revenait pas, on commençait à s'inquiéter. En effet, on apprend qu'à son retour sa voiture, remplie de provisions, a été arrêtée à Courpalais par les troupes chargées d'aller venger l'attaque de la veille. Deux mille hommes et quatre pièces de canon se dirigeaient vers le théâtre de la lutte et chemin faisant ramassaient toutes les voitures vides pour les ramener pleines de réquisitions. Celle de Follope était toute garnie, c'était beaucoup plus commode. Le malheureux a donc été condamné à suivre la colonne; il avait avec lui son petit-neveu âgé de quatorze ans. Il a couché avec ces messieurs à Nangis, puis est revenu à Gretz et n'est rentré que le troisième jour à Lumigny. Il n'avait, du reste, subi aucun mauvais traitement et le petit même avait été bien soigné. Mais le pauvre diable avait perdu sa cargaison.

25 Octobre.

J'apprends la conséquence prévue de l'échauffourée que je viens de raconter; une colonne a été mandée à la hâte; elle est allée à Grandpuits où, tout naturellement, elle n'a trouvé personne, ni francs-tireurs ni habitants, seulement quelques femmes. Je dois dire qu'on ne leur a rien fait, ni mis le feu au village, comme je le craignais. On n'a pas non plus fusillé le maire, par la bonne raison qu'il n'y en avait pas. Puis la colonne s'est dirigée sur Nangis où elle est entrée l'arme au bras ; je m'attendais à quelques excès. On a simplement requis une assez grande quantité de marchandises et provisions de toutes sortes, puis on est allé camper hors de la ville.

Mais là ne finissait pas l'expédition ; il s'agissait de faire une démonstration contre Montereau, le terrible Montereau, qui tient en échec toute l'armée allemande et dont les habitants nous rebattaient les oreilles par l'annonce d'une défense héroïque..

— Ah ! ah ! disaient-ils, nous ne sommes pas comme vous, tas de clampins ; nous ne nous laissons pas envahir ; notre pont est barricadé, nous avons des mitrailleuses ; nous sommes deux mille francs-tireurs, nous avons des zouaves, des turcos. Ils n'ont qu'à venir, les monstres, ils seront bien reçus..., mais aussi ils n'osent pas ; nous nous ennuyons de ne pas les voir et de ne pouvoir assouvir notre rage dans leur sang.

— Mon Dieu ! me disai-je, il y aura massacre ;

mais ils auront le dessous, et le deuil va fondre sur cette valeureuse cité !

Voilà donc la colonne campée aux portes de Nangis. A minuit, elle part sans tambour ni trompettes et arrive à Montereau à sept heures du matin. Il est vrai qu'elle n'avait pas prévenu et que les intrépides défenseurs étaient couchés ; tant il y a qu'elle est entrée dans la ville sans coup férir, sans voir un franc-tireur, ni un zouave, ni un turco, rien autre que des visages un peu effarés, mais de fort bonne composition. Elle a passé là vingt-quatre heures fort tranquille et est repartie par le même chemin après avoir simplement pris les armes des terribles gardes nationaux qui, d'ailleurs, les ont apportées sans hésiter. Ce qu'il y a de bizarre, c'est qu'on n'a frappé la ville d'aucune contribution extraordinaire et les bons habitants vont dire :

— Voyez-vous, ils sont venus, sans doute ! nous les avons laissés entrer pour prévenir une effusion de sang ; mais ils savaient à qui ils avaient affaire, et sont repartis bien vite sans oser nous occuper. Hé bien ! les voilà contents, les braves de Montereau, et contents à peu de frais, tant mieux !

Vous trouverez peut-être que j'ai tort de prendre ironiquement le récit d'une de nos nouvelles faiblesses, mais que voulez-vous ? ces gens m'avaient tant agacé avec leurs rodomontades que je n'ai pu m'empêcher de sourire en voyant qu'ils avaient fait comme les autres. Je le répète et le dirai toujours : la guerre de partisans et de francs-tireurs, faite partiellement, est la pire de toutes ; elle ne sert qu'à éparpiller les forces du pays en pure perte. Il faudrait faire le vide complet devant l'ennemi, laisser les villes ouvertes se rendre sans résistance pour enlever tout prétexte aux destructions matérielles, puis en arrière, organiser des bandes sérieuses pour frapper les communications et arrêter les transports. Pendant ce temps-là on essayerait de créer dans le Midi une véritable armée avec artillerie et munitions, si c'est possible. Autrement il faut faire la paix bien vite, car le pays s'épuise et le salut n'apparaît pas. En tout cas, les francs-tireurs doivent être soumis à des chefs et à une discipline sévère; mais c'est là le difficile ! Ces messieurs veulent bien mettre des plumes à leurs chapeaux, nommer et casser leurs officiers, rançonner le pékin, faire même bravement le coup de feu, mais obéir, jamais ! C'est ce qui rendra cette troupe une plaie pour les pays où elle passera. Il ne faut pas surtout pour ministre de la guerre M. Gambetta, et pour généraux des journalistes et des préfets. Depuis deux mois la République s'agite et se remue ; qu'a-t-elle obtenu ? qu'a-t-elle créé? qu'ont produit Lyon et tout le Midi pour la défense nationale? des proclamations, des cris dans les clubs et des violences contre les personnes et les propriétés. Hélas ! hélas ! tout le monde parle de continuer la lutte à outrance, mais personne ne veut y prendre part ! Voilà la terrible réalité que je commence à entrevoir.

Après l'aventure de Grandpuits et de Montereau il entrait un nouveau sujet de préoccupation dans les esprits. Le franc-tireur apparaissait avec toutes ses complications et ses drames inattendus. Le sang avait coulé pour la première fois tout près de nous, et votre mère, brave et résolue pour elle-même, voyait toujours des maires responsables et fusillés jusqu'à la mort, selon l'expression prussienne. Aussi chaque fois qu'elle aperçoit un homme à bottes ou à guêtres passer devant la grille, elle croit reconnaître un franc-tireur. Le fait est que je crois bien ces jours-ci en avoir vu plusieurs qui regagnaient pédestrement et sans armes des régions moins troublées. Je ne pense pas que nous ayons ici ce genre de danger à courir, parce que nous avons vraiment trop d'ennemis sur les bras ; cependant on ne peut jurer de rien.

Nous avons eu des nouvelles de L... R.., qui a dû quitter son château pour se réfugier à Fontainebleau. Réellement sa situation n'était plus tenable. Vous connaissez la position ; le matin les francs-tireurs qui grouillent dans la forêt apparaissaient dans le parc, se glissant le long de la rivière, puis deux heures après c'étaient les Prussiens. On ne peut éconduire les uns ni chasser les autres ; aussi fallait-il toujours avoir un gigot pour les premiers et un fricandeau pour les seconds. S'ils se rencontrent chez vous on est aplati entre les deux, situation peu enviable!...

Du reste, là-bas les francs-tireurs ont parfaitement leur raison d'être. Melun est la limite extrême de la marche du flot envahisseur ; de l'autre côté de la Seine, commence cette immense forêt dont je connais les profondeurs et qu'il est impossible même à une vraie armée de posséder efficacement. Fontainebleau est au milieu ; tout autour sont des déserts de rochers, de sapins, de fondrières réellement impénétrables. Nos ennemis qui sont très-pratiques le savent bien ; ils ont été une ou deux fois en forces rôder autour de la ville ; mais comme elle n'est nullement sur leur route, qu'il n'y a à six lieues à l'entour ni un village, ni un mouton, ni une vache, ni un grain d'avoine ; et comme de plus, leur objectif est Paris, ils laissent les francs-tireurs dans leur gloire et ne les inquiètent guère ; ceux-ci mènent la vie de guerillas dans un pays admirablement disposé pour cette guerre qu'ils font d'ailleurs peu parce qu'on ne les attaque pas. Cette existence est remplie de charmes et remplace avantageusement pour eux les travaux de la paix.... Des groupes à la Callot, bien nourris par les villages voisins, ont établi des campements dans les rochers pittoresques qui sont le caractère de cette forêt. Toutes les routes sont occupées militairement par des postes à la Fra-Diavolo qui arrêtent tous les passants et les fusillent parfois *s'ils ont l'air* d'espions ; cela tient de l'opéra-comique et du drame. On est un héros : rien à faire, n'obéir à personne, bien manger et bien boire, n'est-ce pas la vrai vie, la bonne !...

Par exemple, la ville de Melun en pâtit quelque peu. Un jour il arrive un régiment prussien, vite au pain, à la viande ! il faut nourrir tout ce monde. Le lendemain (toujours le lendemain !) arrivent les francs-tireurs, flamberge au vent, qui traitent les pauvres Melunois de couards et de poltrons et réquisitionnent pour leur part ce que les Prussiens n'ont pas enlevé. Je me suis même laissé dire qu'ils avaient maltraité plusieurs magasins et qu'on en avait une peur atroce ; mais c'est là un on-dit et je serais désolé de formuler un jugement téméraire.

Le 26 au matin, il pleuvait averse ; j'étais chez votre mère lisant une de vos chères lettres, lorsque je vois par la fenêtre un cavalier casqué au petit pas d'ailleurs, arrivant le long des corbeilles. Je cours prendre mon caoutchouc et je me présente selon la coutume. Je trouve un jeune officier tout souriant qui me dit qu'il précède une colonne ornée de malades et de boiteux et qu'il vient réclamer des voitures. C'est toujours là le difficile, parce que les hommes se soucient peu de rester absents quinze jours, un mois, comme nous en voyons sans cesse des exemples. Je pars avec mon officier souriant, pour le village où je trouve mille, quinze cents hommes, je ne sais plus combien ; les rues en étaient pleines. Ils grouillaient, entraient dans les maisons, sans bruit, sans violences, souvent sans parler, comme de l'eau sous une porte, mais il ne fallait pas les perdre de vue, car ils mettaient (machinalement sans doute) la main sur un pain, sur la marmite, sur une poule, sur des œufs.... qu'ils mangeaient tout crus; ils prenaient tous les lapins de M. C.... et les enfouissaient sous leurs capotes en les caressant beaucoup. Quand on les voyait, ils disaient : *Gut*, *gut !* et ils lâchaient l'objet ; mais on ne pouvait toujours les prendre sur le fait et ils ont ainsi fait une petite rafle, en douceur et le sourire sur les lèvres. Tout ceci pendant que je courais pour avoir des voitures, ce qui n'était pas facile.

Quel ne fut pas mon étonnement d'apercevoir au milieu des baïonnettes votre mère qui se trémoussait, interpellait les officiers, et passait dans les jambes des chevaux, par une pluie battante ! Ah ! les précautions, il n'en est plus question.

Les choses s'arrangent, et la colonne part accompagnée de nos supplications pour les conducteurs de voiture. Je me hâte de dire que le soir même ils étaient revenus, chose bien rare et qu'ils doivent certainement au charme que votre mère exerce sur nos farouches ennemis. D'abord ils la trouvent pleine de grâce, ce qui est naturel, mais son allemand les fascine. Laville, qui était un des conducteurs, nous a dit en revenant que les officiers lui avaient parlé d'elle tout le long de la route, voulant absolument qu'elle fût Allemande, disant que depuis qu'ils étaient en France, ils n'avaient jamais vu une femme pareille pour le courage et la présence d'esprit. J'espère que vous êtes fiers de votre pauvre mère qui a au moins la consolation de voir que son dévouement est loin d'être inutile et une sinécure. Seulement l'inconvénient c'est que, comme elle a la conscience de son influence, elle est tout de suite sur mes talons à toutes les heures et par tous les temps. Pourvu qu'elle puisse résister à tant de fatigues et tant d'émotions!

Le soir de ce 26, nous avons eu à dîner M. G... et sa femme qui arrive du Havre où elle était allée pour huit jours et où elle est restée deux mois. Pour revenir, je crois qu'elle a passée par la Chine tant elle a fait de détours; mais enfin elle est arrivée, bien heureuse d'avoir retrouvé son chez elle et son mari. Ce dernier nous a conté beaucoup de scènes comiques de l'occupation de Coulommiers. Une entre autres me revient à l'esprit.

Un jour son beau-père loge un officier qui s'ennuyait; après-dîner l'Allemand lui dit :

— Avez-vous cartes? vous, asseoir là en face et jouer avec moi?

— A quoi, répond le patient, au piquet?

— Non.

— Au bézigue?

— Non.

— A l'écarté?

— Oui.

— Allons, va pour l'écarté...

Au bout d'un quart d'heure, le vainqueur dit d'un air bourru :

— Moi perdre, moi assez joué; ôtez cela...

Et il se remet à fumer sa pipe. C'est un peu brutal, mais avouez que c'est drôle.

M. G... nous raconte encore qu'ayant reçu à Rosoy la visite d'un médecin militaire détaché pour constater l'état de la petite vérole qu'on exploite naturellement pour éloigner l'ennemi, il lui a produit sur sa demande les registres de l'état civil. Le médecin parlait français, mais imparfaitement, et voulant avoir l'air de tout bien comprendre, il accepte les déclarations de notre malin docteur qui lui fait passer sous les yeux tous les actes de l'état civil, englobant actes de naissance, actes de mariage, actes de décès et mettant tout sur le compte de la petite vérole. Cela faisait un total effrayant et qui rappelait les plus terribles épidémies de l'histoire ancienne et moderne. Le médecin épouvanté a déclaré la ville maudite et voilà pourquoi, depuis un mois, Rosoy ne loge plus un soldat. A quelque chose malheur est bon !

Puisque je me retrouve nommer M. G..., je ne veux pas le quitter sans redire combien il est bon et aimable pour nous. Il avait été l'ami de la bonne fortune, il est celui de la mauvaise. Il vient souvent nous voir, me remonte le moral par son esprit alerte et droit, voit les choses comme nous, ne se laisse pas étourdir par le milieu insensé dans lequel il vit, comprend le possible et l'impossible, en un mot raisonne comme un homme de bon sens, ce qui est bien rare dans ce temps d'hallucinations. Il a le mérite de conserver ses amitiés dans un moment où chacun est suspect à son voisin et certes ce n'est pas un mince courage, car les épithètes des mauvais jours commencent à pleuvoir : les aristos et les réac... ne sont pas à la mode. Quoi qu'il arrive, je lui serai toujours reconnaissant des preuves de sympathie qu'il nous donne et je voudrais bien être à même de le lui montrer.

Les derniers jours du mois, 27, 28, 29 et 30 octobre, se passent sans événements à noter, toujours dans la même incertitude et la même disposition d'esprit. Comme ceci est un journal, non-seulement de faits, mais aussi de pensées, écrit au jour le jour et sous l'émotion du moment, je me laisse aller à vous peindre cet état d'angoisses dans lequel je vis sans cesse, angoisses sur le présent, sur l'avenir, sur le connu, sur l'inconnu, sur les enfants absents, sur le pays brisé, sorte de rêve pesant où l'imagination se débat contre des réalités, à l'aspect de fantômes. Nous avons de temps à autre et par paquets vos lettres qui sont un baume pour nos cœurs ; nous avons même de rares journaux qui sont une pâture pour notre esprit avide de nouvelles.

Au milieu de toutes les sottises qui se débitent de vive voix ou qui s'impriment, le mirage d'un armistice semble prendre une certaine consistance. Je ne peux pas y croire, car je ne le vois pas exécutable; à mes yeux et surtout dans les circonstances actuelles, un armistice est la paix, car il ne peut se faire que sur certaine bases acceptées de part et d'autres. Or, quand d'un côté on veut tout prendre, et de l'autre côté ne rien donner, l'accord n'est pas facile. Je sais bien que la Prusse a tout intérêt à ce qu'il y ait en France un gouvernement, car il faudra bien finalement traiter avec quelqu'un. Ce quelqu'un n'existe pas; il y a dix messieurs qui se sont mis là de leur propre autorité, qui ont manié et trituré le pays sans mandat, dont l'existence est à peine connue en France, qui sont là parce qu'il n'y en a pas d'autres. Mais ce n'est pas un gouvernement même mauvais. Il y a trois ou quatre cents avocats et journalistes qui se sont décrétés préfets, généraux et magistrats; il y a des clubs qui font des motions; un pays tout entier armé, mais armé surtout de sottise et d'illusion; le travail est partout arrêté, on vit sans rien faire; on ne comprend pas comment tout marche; pourquoi on ne s'égorge pas sur les grandes routes: il n'y a plus de justice, plus de lois et cependant tout va de la force d'impulsion que conserve une machine lancée. Encore une fois, il n'y a pas de gouvernement; il n'y a ni assemblée, ni dictateur; rien qu'une soi-disant administration à Tours et une autre à Paris, séparées par cinq cent mille ennemis.

Lorsqu'on écrira l'histoire de ce temps sans précédent, on ne voudra pas y croire; ce qui me fait dire encore une fois que de tous les peuples, le Français est à la fois le plus facile et le plus impossible à mener. Lorsqu'il a peur il accepte tout, gouvernement de la terreur, gouvernement de la réaction, république, monarchie, empire. Lorsque sa crainte a cessé, il renverse tout, bon ou mauvais. Son opposition n'est jamais un désir d'amélioration, mais une rage de destruction.

Pour en revenir à l'armistice, je ne peux pas y croire: il faudrait au moins trois semaines pour élire, réunir une Assemblée, et quel *modus vivendi* serait possible entre une armée envahissante et tout un pays occupé d'élections! S'il s'agissait seulement de l'armée faisant le siége de Paris, passe encore; mais nous avons des Prussiens en Normandie, à Amiens, à Orléans, à Dijon, partout. Ils parcourent la France, mèche allumée, la paralysant par la terreur pour l'empêcher de se reconnaître, et vous voulez qu'on aille tranquillement au scrutin du canton, lorsqu'on ne saura pas si en rentrant on ne trouvera pas des uhlans chez soi! C'est matériellement et moralement impraticable; de plus, si on en faisait le simulacre, on aurait des élections déplorables: des députés nommés dans les villes par cinq cents clubistes de l'Internationale, car le gouvernement a bien prévu le cas en ne laissant pas subsister le minimum de voix nécessaire à une nomination. Donc c'est impossible et cependant on ne voit pas comment on pourra s'en passer. Mon Dieu, quelle obscurité! Et comme vous nous montrez bien que vous seul pouvez nous sauver. C'est notre orgueil que vous voulez abaisser; le salut ne viendra que le jour où nous nous serons humiliés, mais alors nous aurons encore beaucoup à souffrir et surtout longtemps à attendre, car cette plante empoisonnée fleurit encore avec plus de vie que jamais.

1er Novembre.

Le 1er novembre arrive enfin, jour chaque année profondément triste pour tous et pour nous surtout dont tant d'êtres aimés reposent dans le cher cimetière ; cette cérémonie où j'avais toujours été entouré de vous, mes chers enfants, a été cette fois plus sombre que jamais; je n'avais aucune main à serrer; votre mère et moi nous avons prié comme des délaissés et nos larmes coulant silencieuses allaient vers les vivants. Ne m'accusez pas de faiblesse; mais j'avoue que là, à genoux sur ces tombes, je suppliai Dieu de m'appeler à lui, si vous n'étiez plus! Oui, je suis honteux de le dire, je suis lassé. Cette vie inutile épuise mon moral, je le reconnais humblement. Elle est au-dessus de mes forces. J'ai beau prier Dieu de me soutenir, je me sens abandonné et votre mère, hélas! est comme moi. Elle est brisée. Puissiez-vous ne jamais connaître un supplice pareil!

Une demi-heure pour prier, c'est peu... Pourtant ce temps si court va-t-il se passer sans émotion? En sortant de l'église pour aller au cimetière j'ai regardé de tous côtés comme je regarde toujours. Eh bien! comme pour troubler ce moment de paix douloureuse que l'on éprouve dans le champ du repos, Dieu a permis qu'à cet instant même une voiture d'officiers prussiens vînt traverser le village et monter le long du parc pour rejoindre la route de Coulommiers... On les voyait du cimetière; ils nous virent aussi sans doute, et il est fort heureux qu'en apercevant cette foule ils n'aient pas cru à un rassemblement hostile. Mais avouez qu'il y avait de quoi se sentir le cœur serré en songeant qu'on ne pouvait même pas prier une heure sans avoir sous les yeux le spectacle odieux de cette invasion.

2 Novembre.

Le lendemain, à 9 heures nous allons à la messe. Au moment même où nous sortions de la grille, quatre soldats y arrivaient! Je m'arrête; ils passent sans tourner la tête, enfilent l'avenue de Marles et se dirigent vers la Ville-du-Bois. Je savais qu'il y avait à la Fortelle une vingtaine d'hommes qui escortaient une machine à vapeur échouée là et nécessitant une longue réparation. Je me dis : ils vont a Marles ou à la Houssaye pour affaire de correspondance, et je continue mon chemin vers le village. Je n'étais pas arrivé qu'on vient en courant m'annoncer que ces maraudeurs ont fait irruption dans la ferme et qu'ils pillent et massacrent tout. Je connaissais la phrase; elle est consacrée... Cependant, comme j'ai toujours redouté les gens sans chefs, sans ordres, je ne pouvais laisser cette pauvre ferme sans défense; je pars donc avec L... qui est là toujours parfaitement résolu à payer de sa personne. En route nous apercevons de loin un groupe autour d'une voiture; ce sont mes Prussiens qui reviennent avec une charrette qu'ils ont été requérir. Ils cheminaient fort paisiblement et je ne voyais aucune trace de massacre. Le fermier qui les accompagnait me dit qu'ils avaient demandé, d'après un ordre écrit, un tombereau et deux chevaux, et que, grâce au vacher suisse qui parle allemand, on s'était assez vite expliqué. Ainsi tombait la rumeur. Ce que je n'ai pas compris, c'est comment ils avaient été droit à cette ferme sans s'arrêter au château, sans marcher sur le village qui leur crevait les yeux. Mystère, qui ne s'est pas éclairci! Quant aux chevaux, reviendront-ils? Dieu le sait.

Vers deux heures j'étais au salon, lorsque je vois passer devant les fenêtres une calèche découverte remplie d'uniformes. Qu'est-ce encore? Je me présente : vous le savez, c'est mon mot. L'un d'eux me dit en assez bon français qu'ils viennent au sujet d'une lettre écrite au roi de Prusse pour se plaindre d'excès commis à notre égard lors d'une réquisition et surtout de coups et blessures donnés à une femme, etc... je tombais de mon haut.

Il faut vous dire qu'après notre échauffourée du 5 octobre et les coups de sabre reçus par madame A..., votre mère avait eu l'idée d'écrire une lettre de plaintes indignées au roi de Prusse, lettre qu'elle avait confiée à un officier de uhlans passé quelques jours après. Je dois avouer que je m'étais permis de rire de cette supplique que je croyais destinée à un éternel oubli. Nullement. La lettre avait fait son chemin et revenait à son point de départ, exigeant une enquête sévère, eu vertu de laquelle le lieutenant d'étape, un officier bavarois et un médecin interprète se présentaient en mon domicile pour s'enquérir des faits. Le but de la lettre n'était pas atteint. Votre mère ne demandait pas vengeance pour les faits passés, mais bien leur non-renouvellement à l'avenir. Je me souciais peu que la canaille qui nous avait tant molestés fût punie ou non; qu'on allât rechercher dans toute l'armée wurtembergoise le lâche coquin qui avait frappé une femme à coups de sabre. Cela ne devait nous rendre ni nos récoltes perdues, ni nos animaux enlevés; ce que je désirait ardemment, c'était de ne plus voir de faits semblables. Oui, mais ces messieurs ne l'entendent pas ainsi. On s'est plaint, on doit justifier de sa plainte. Il a donc fallu narrer, renarrer, commenter, préciser, parler pendant fort longtemps. Vers quatre heures ces inquisiteurs sont partis, promettant de revenir pour compléter l'instruction.

Le lendemain et le surlendemain nouvelle visite du *commando*, grand homme sec de six pieds de haut. Confrontations, écritures, citation de madame A..., etc...; et, comme je le prévoyais, amoindrissement des faits quand on a voulu les serrer de près. Votre mère qui avait lancé sa philippique sous le coup de l'indignation, craint à présent de nuire à ces pauvres officiers wurtembergeois; elle craint surtout un retour offensif de cette troupe à la main légère, qui nous couperait cette fois en petits morceaux. Madame A... bredouille un récit confus, et en revient toujours à ses vaches perdues qui lui importent beaucoup plus que le petit coup de sabre dont elle exhibe à regret les traces incertaines. Moi qui n'avais pas été de l'avis de la plainte, j'insiste, fort, à présent, pour qu'on n'atténue pas les faits, et je répète sans cesse dans mon mauvais allemand que nous avons eu le pistolet sur la gorge, et affaire à de vrais bandits, et que je me fais fort de les reconnaître. Où tout cela mènera-t-il? à rien du tout, d'après moi.

4 Novembre.

Journée semblable à toutes les autres, inutile à raconter. Ce triste récit commence à devenir aussi fatigant à écrire qu'il le sera sans doute à lire. Seulement pour me tenir en haleine et pour m'empêcher d'avoir un moment de répit, à six heures passées, nuit close et noire comme le vestibule de l'enfer, on accourt, avec la précipitation habituelle, me chercher. *Ils sont* au village qui enlèvent toutes les voitures et qui pillent tout... Ce dernier appendice est de rigueur; ce sont les expressions voulues. On ne désigne jamais les soldats que par le pronom vague : *Ils*, comme le bien-aimé dans les romans. *Ils sont là... on en a vu... en voilà...*

Me voilà donc courant au village. Au nombre d'une vingtaine, des Prussiens se sont en effet arrêtés chez C... et ils ont fait atteler une voiture; en ayant rencontré deux qui passaient dans les rues, ils les ont enlevées. Ils sont allés à la ferme de M. G... et réclamaient trois autres charrettes. J'arrive, j'entends des cris, des pleurs de femmes... c'est déchirant.

— Non, tu ne partiras pas! Je ne veux pas que mon homme y aille.

Je me faufile à travers tout ce monde, au milieu des femmes, des chevaux, des soldats, cherchant un officier... Quel est mon étonnement en reconnaissant mon grand diable de *commando* qui fait ce vilain métier. Lui, très-embarrassé de me trouver là, me fait force protestations, me jure qu'il est désolé, et se rejette sur les nécessités du service. Il lui faut quarante voitures dans la journée pour amener un convoi de Nogent-l'Artaud ; c'est bien à contre-cœur qu'il est venu à Lumigny. Il termine en me jurant qu'avant trois jours tous mes hommes seront revenus.

Ce même soir, 4 novembre, m'est arrivée une nouvelle mille fois bénie qui est venue répandre comme un baume sur toutes mes blessures. Une dépêche nous est envoyée de Fontainebleau par les la R... contenant ces seuls mots : « Albert bien portant à Aix-la-Chapelle ! » C'est court sans doute, mais que de choses dans ces quelques mots ! Mon pauvre cher enfant sauvé !... Mais le grand drame de Metz terminé ! Après le premier moment de remercîment à Dieu, je ne pus m'empêcher d'éprouver une immense douleur en voyant tomber la dernière armée française ! Comment ce grand fait s'est-il accompli et par quelle terrible volonté de la Providence sommes-nous écrasés, et cette fois sans espoir? Mon Dieu, mon Dieu, nous sommes bien coupables, car vous nous frappez cruellement!...

5 Novembre.

Je devais aller à Coulommiers avec mon ami M. F... porter le reste de notre contribution de guerre; nous montions la côte de Maupertuis, lorsque nous croisons un officier à cheval. Allons, bon, c'est encore l'inévitable *Commando;* il va à Lumigny pour la quatrième fois en cinq jours. Ce *Commando* m'assomme avec ses airs sucrés et son bredouillage! Il va donc au château pour appeler encore Madame A... et lui faire subir un nouvel interrogatoire en règle. Car, dit-il, cette affaire a fait beaucoup de bruit et il est nécessaire qu'elle soit tirée au clair. Je lui souhaite le bonjour et je continue ma route. Rien de nouveau à Coulommiers; une foule énorme, des chariots, des caissons, de l'artillerie, des ambulances, le diable et... son train. Malheureuse ville, elle y succombera, c'est sûr! Partout les boutiques sont ouvertes, mais par dérision; car il n'y a pas un acheteur. On me dit qu'il arrive des colonnes à toutes les heures du jour et de la nutt, à midi, à minuit et que les habitants doivent toujours être sur pied. Quelle existence! J'ai rencontré là deux officiers français prisonniers, l'un d'eux parent de Claire de La F... Il a été pris près de Chartres dans un de ces nombreux petits engagements où nous sommes toujours un contre dix avec des fusils à piston en face de canons Krupp et qui sont dénommées victoires par notre intrépide gouvernement. On me dit que l'armistice est refusé et que les avocats ont décidé... la guerre à outrance. Avec quoi! mon Dieu! avec Cluseret et Garibaldi! Ce sont les seuls qui ne soient pas encore déclarés des traîtres; quel aveuglement!

Je reviens à la nuit tombée, et quelle n'est pas ma stupéfaction en retrouvant dans la cour le cheval de mon cauchemar le *Commando*. Oui, il est resté là depuis midi jusqu'à cinq heures du soir. Jugez un peu de l'état de votre mère qui a subi ce monsieur pendant cinq heures. On a donc recommencé l'interrogatoire, tourné et retourné les faits, écrit, puis relu l'écrit, le tout en allemand et votre mère servant d'interprète. Voilà une affaire qui nous aura donné du tracas autant que notre pillage. On parle de faire aller madame A... à Versailles. Si elle pouvait signer la paix, au moins!

6 Novembre.

Nous voyons par des journaux mystérieusement apportés que des bruits effrayants circulent sur le maréchal Bazaine. Je ne veux pas encore en parler... ce serait affreux! Mais nous avons donc perdu tout sens moral, et nous accomplissons des faits uniques dans l'histoire du monde; c'est à en perdre la tête! On m'assure qu'à Paris on a voté la guerre, toujours la guerre; quelle nouvelle ironie! On sait de science certaine qu'on ne sera pas secouru; qu'il faut manger pour vivre et on ne fait aucune sortie digne de ce nom. On se décrète imprenable, voilà tout. Si l'on prend le parti héroïque de mourir de faim... jusqu'à la mort et de donner le dernier morceau de pain au dernier survivant pour qu'il aille chercher les ennemis et leur montrer ces monceaux de cadavres républicains, ce sera d'un effet superbe et vraiment original comme page d'histoire. Mais, même ainsi, la France ne serait pas sauvée, et la ruine que plus effroyable. D'ailleurs cela se dit, mais ne se fait pas.

Le 7, avant dix heures. — Les voilà ! me crie-t-on.

— Mais où donc? je ne vois rien.

— Dans l'allée des Sœurs.

En effet avance lentement une colonne noire comme j'en ai vu si souvent depuis ces deux mois maudits ; elle arrive enfin à la grille, et le capitaine me montre une feuille de route où Lumigny lui est positivement indiqué comme lieu de séjour. C'est une partie de la garnison de Coulommiers qui fait des patrouilles de deux ou trois jours pour explorer le pays et réprimer les écarts des braconniers de nuit. Ces pauvres diables, spécimen de la landwerh du septième ban, étaient partis la veille à sept heures du soir, avaient marché toute la nuit au son des coups de fusil qui égayaient la forêt ; au jour, redoublement de ces mêmes coups de fusil, vue de lièvres et de chevreuils sautant les routes. Le capitaine eut bien l'idée de cerner les enceintes, mais ces hommes d'âge, harassés par une marche de quinze heures dans l'eau, dans la boue, dans la neige fondue, ne pouvaient plus se porter. Lui-même marchait comme sur des œufs et demanda instamment une chambre pour se reposer. Ses deux cents Bavarois en firent autant, mais après qu'on leur eut fait la soupe, tué deux moutons, allumé des feux, enfin préparé cette paix de l'âme qui ne vient au troupier que quand son estomac est plein. Pendant la nuit, pour fêter la présence de leurs persécuteurs, messieurs les braconniers ont fait parler la poudre; mais nous seuls les avons entendus. Nos gardiens ronflaient à poings fermés. Allons! je ne sais si nous conserverons nos pauvres provinces; mais nous sommes sûrs de garder nos braconniers et même de les voir augmenter tous les jours.

8 et 9 Novembre.

Le 8 et le 9 passent sans interruption les longues files de l'armée qui quitte le blocus de Metz. Un écoulement lent et continu de troupes de toutes armes recommence sur cette malheureuse route de Régny que je ne verrai plus jamais sans un frisson! Je suis très-satisfait de vous avoir évité, chères filles, ces mois de torture; vous n'auriez pas jusqu'ici couru de bien grands dangers matériels, mais parmi les raisons qui me font m'applaudir de ne pas vous avoir ici, il en est une dont vous ne vous rendrez peut-être pas compte. Je ne sais si je changerai d'impression quand tout cela sera passé ; mais il me semble que je n'aimerai plus Lumigny comme autrefois. On dit que les femmes prennent en aversion les lieux, les images, les sons qui leur rappellent les maux de cœur !... Eh bien ! j'ai grand' peur qu'il en soit ainsi pour mon cher Lumigny, et je serais désolé que vous eussiez la même sensation. Pour moi qui suis vieux, le mal n'est pas grand, mais je serais attristé que Robert eût subi cette impression désagréable.

Je ne me rends pas compte de ce que sera le pays dans quelque temps ; les fermes sont dévastées par l'ennemi, les bois pillés par les amis. Les républicains théoriciens, ceux qui ne vont pas se battre, nous annoncent pour après la guerre l'impôt progressif et le socialisme ; ce flot de haines et d'envie, qui depuis Caïn a toujours agité les couches sociales, monte en grondant ; il nous promet une de ces crises terribles qui secouent sans cesse l'humanité. Les beaux temps sont passés et maintenant nous expions trop de luxe, trop de chasses et de toilette, trop de mollesse, de sensualité et de fainéantise. Notre expiation commence et elle est loin de finir; tâchons d'en profiter, de nous soumettre à la volonté de Dieu et de faire tous notre devoir. Mes fils, qui par carrière ou par nn élan volontaire ont l'épée à la main, feront le leur, partout et toujours. Vous, mes filles, pour qui l'exil doit être si dur, supportez patiemment la situation triste et un peu abaissée qui vous est faite par notre séparation; recevez sans orgueil mécontent l'aumône de l'hospitalité; habituez-vous, hélas! à voir traîner dans la boue ce pays si fier, si hautain, si furieusement content de lui. Je ne vous demande certes pas de faire chorus avec nos insulteurs; mais acceptez sans irritation cette juste punition. Ici, dans ma triste solitude, je m'étudie d'avance à la résignation; ce ne sera pas un des fardeaux les moins lourds à porter. Et puis il faut bien dire pour se consoler que, si nous avions eu la victoire, ce concert de malédictions qui accable les vaincus se serait changé en transports d'admiration en l'honneur des triomphateurs; nous avons eu ces beaux jours, ils reviendront peut-être; c'est le sort des destinées humaines. Tâchons de profiter des revers mieux que nous n'avons profité de la fortune.

Voilà une bien longue homélie ; je me suis laissé entraîner à vous peindre l'état de mon esprit ; c'est une sorte d'engagement que je prends pour l'avenir. Il est un proverbe italien qui dit : *Passato il pericolo, gabbato è il santo.* J'espère que si nous sortons de cette affreuse crise par une issue que je n'entrevois pas encore, je n'oublierai pas que nous aussi, nous avons une sérieuse réforme à opérer dans nos mœurs, une teinte grave à imprimer à notre vie, en un mot, de grands enseignements à mettre en pratique.

10 Novembre.

Vers deux heures, nous étions dans le salon et je braquais comme d'habitude ma lorgnette sur la fameuse route, quand sous mon nez, dans le jardin, arrive bon train un phaéton d'assez bonne apparence. Serait-ce encore mon *Commando?* Non c'est une figure que je ne connais pas. Je vois descendre un long personnage chamarré de croix ; il dit qu'il vient nous apporter des lettres de Madame de L... et nous décline ses noms et qualités. C'est le baron de S... En recueillant mes souvenirs, je me rappelle que votre grand'mère avait voulu me faire dîner à Paris avec un monsieur de ce nom et que j'avais évité cette invitation par suite de mon peu de goût pour les relations nouvelles. Me doutais-je que plus tard je devrais entrer en rapport avec ce personnage dans d'aussi tristes circonstances? Ce S... est un mystique comme je crois qu'il y en a beaucoup dans cette armée. Il est à la tête de toutes les ambulances prussiennes du département, et c'est par des correspondances hospitalières qu'il a reçu les lettres en question. Ces lettres sont pour nous une grande joie, car nous en sommes privés depuis longtemps et elles nous donnent quelques détails rassurants sur bien des existences qui nous sont chères. Ce M. de S... est un beau parleur, une sorte de prophète en bottes molles et en casque à pointe.

— Ce n'est pas nous qui vous avons vaincus, m'a-t-il dit : c'est la Providence. Nos succès nous étonnent autant qu'ils vous bouleversent. Il y a dans ces grandes capitulations, dans cet effondrement de tout un pays, quelque chose de surnaturel qui écrase l'imagination. Puis dans la folie des hommes qui vous gouvernent, dans cet aveuglement qui vous ferme les yeux et fait que jusqu'au dernier moment vous vous agitez dans les ténèbres des illusions, il y a comme une sorte de possession du démon, depuis soixante-dix ans vous vous croyez invincibles; les invasions de 1814 vous ont paru simplement le résultat d'une coalition à jamais impossible. Vous vous êtes toujours crus supérieurs à tout autre peuple et vous n'avez jamais admis que dans ce grand jeu de la guerre chacun avait ses chances. Nous sommes partis avec l'espoir de vaincre, vous, avec la certitude et avec une confiance qui tenait de la folie. Vous ne dites pas que vous êtes une grande nation, mais la grande nation, la seule, l'unique. Encore maintenant vous ne voulez pas accepter vos revers; vous les rejetez sur la trahison. Vous aimez mieux vous déshonorer vous-mêmes en avilissant ainsi le caractère de tous vos chefs, que d'accepter une défaite qui, noblement supportée, se répare vite, et dans tous les cas rentre pour l'un des combattants dans les conditions de toute lutte. Lorsque nous avons préparé la guerre, nous craignions beaucoup votre brave armée et surtout son premier choc et nous avons pris toutes les précautions que nous indiquait notre longue habitude de vivre dans le travail et la méditation. Vous êtes partis le cœur léger suivant une expression célèbre, en chantant la *Marseillaise* et en buvant du vin de Champagne. Nous sommes partis en priant Dieu et en lui demandant de nous soutenir dans cette grande entreprise. Maintenant il faut que tout s'accomplisse. Paris ne dit pas : je me défendrai jusqu'à la dernière extrémité, mais je suis imprenable. Il faudra qu'il soit pris et tous les moyens nécessaires seront employés. C'est un affreux malheur dont la Providence nous condamne à être les instruments, mais nous irons jusqu'au bout. »

Tout cela était dit avec l'accent calme et solennel des Allemands. Je frémissais en entendant parler cette espèce d'exécuteur des hautes œuvres et j'avais envie de le jeter par la fenêtre. C'était le seul argument un peu frappant que je pusse trouver à lui opposer ; car au fond je ne pouvais m'empêcher de convenir qu'il y avait du vrai dans les paroles de ce prophète de malheur. Oui, c'est la punition de Dieu ; nous sommes frappés dans ce que nous avons de plus cher ; notre orgueil et notre vie de sensualité. Notre existence comme nation n'a été qu'un long blasphème; nous nous tordons sous le malheur en lançant des regards de rage impuissante au maître qui nous frappe. Il nous frappe encore et il nous frappera jusqu'à ce que nous ayons courbé la tête.

Le baron de S... allait partir lorsque deux cavaliers traversent le jardin au galop.

— Voilà, lui dis-je, la vie que je mène, toujours sur le qui-vive; ce doit être une avant-garde. En effet, ces hommes nous annonçaient l'arrivée de deux cents hommes et cinquante chevaux; le baron nous recommande à la délicatesse de ces pensionnaires et disparaît en me plaignant beaucoup de toutes ces corvées. Merci!

Je passe sous silence le reste de la journée; une neige à ne pas se conduire, l'installation de tout ce monde, cent dans le château, cent aux écuries. Ils sont loin les beaux jours de septembre! on est transi et trempé. Dans toutes les chambres sont allumés des feux où l'on fait la cuisine; en partant le lendemain ces hôtes vous laissent une maison dégoûtante, des débris de toutes sortes, de la viande, du biscuit, du sel, du tabac et du vin, répandus dans tous les coins

Mais ils nous laissent bien autre chose. Peu de temps après leur départ on sent une grande fumée, on cherche, on furette et on trouve la chambre de vos cousines de B... presqu'embrasée. Le feu était, non dans la cheminée, mais sous la cheminée; les poutres brûlaient, on abat à coups de hache le plancher; les flammes s'élancent de cette ouverture; les grosses solives étaient en combustion. Par un hasard providentiel on parvient à éteindre cet incendie, qui pouvait être gigantesque; une heure plus tard, le château n'existait plus. Eh bien! le croiriez-vous? cette alerte m'a laissé indifférent; je suis si découragé maintenant, que je me dis : Le château peut brûler... Que Dieu me conserve mes enfants, voilà tout ce que je lui demande! le reste glisse sur moi comme l'eau sur le marbre.

Ce même jour nous recevons d'une de vous une lettre qui nous dit qu'elle a vu, vu le cher Albert et nous envoie quelques mots de sa main. Je n'avais rien reçu de lui depuis les lignes qu'il m'avait écrites au crayon sur le champ de bataille même de Gravelotte le 16 août; depuis lors, rien de positif et de certain ne m'avait complétement rassuré sur son existence. Les dépêches, les on-dit, me laissaient toujours inquiet, et j'étais étonné de ne rien voir arriver depuis le télégramme du 4. J'ai revu enfin son écriture et je n'ai plus qu'à remercier Dieu. Ai-je bien le droit de me plaindre de mes ennuis, de mes misères, quand tant d'autres n'ont vu s'ouvrir ces portes mystérieuses de Metz que pour apprendre qu'ils n'avaient plus de fils ! Enfin, il est en sûreté et, à vrai dire, de nous tous, c'est celui dont la situation est aujourd'hui la moins précaire. Certes il l'a bien gagnée et a le droit de se reposer. Quant à la sombre nuit qui enveloppe cette effroyable calamité, cette capitulation d'une armée entière, chose inouïe dans les fastes de l'histoire, aucune lueur ne vient en éclairer les profondeurs. Albert n'en parle pas et il est évident pour moi que c'est chez lui un parti pris. Il ne veut pas apporter une parole accusatrice à la réprobation qui s'élève contre son chef; je trouve qu'il a cent fois raison. Mais ce silence même est pour moi la preuve que l'affaire est mauvaise et difficile à défendre. Je ne puis entrer dans les détails de cet imbroglio qui défraie tous les journaux depuis huit jours, mais je ne puis résister à écrire en quelques lignes l'opinion que je me suis formé dès à présent là-dessus, n'ayant comme auxiliaires à mon jugement que les pièces injurieuses de M. Gambetta et les diatribes de quelques journalistes aussi mal informés que moi.

Je crois que depuis la chute de l'empire et l'avénement du quasi-gouvernement qui prétend nous sauver, le maréchal Bazaine a fait de la politique. Il a été berné par M. de Bismark qui lui aura fait entrevoir pour lui-même un grand rôle social. Du 13 août au 7 septembre il a essayé de sortir maintes et maintes fois, témoin les grandes batailles de la première semaine, les affaires très-sérieuses du 25, du 26 août, et je crois du 6 septembre. Comment tous ces grands combats ont-ils été menés! je ne suis pas apte à le juger et d'ailleurs je n'ai aucun élément pour le faire. Au moins j'ai la bonne foi de le reconnaître ; (franchise que je voudrais trouver chez nos guerriers de salon, de club et de gazette qui parlent de tout avec une rare outrecuidance). Je ne m'attache qu'à la question morale et politique. Je crois donc que chacune de ces sorties avait pour but soit de percer, soit de donner la main à Mac-Mahon. Je ne discute même pas la question de trahison sur le champ de bataille ; il n'y a jamais eu que les révolutionnaires de toutes les époques pour donner cette pâture à un peuple idiot. Admettre, supposer même qu'une réunion de généraux fait tuer tous les trois jours huit ou dix mille hommes pour accomplir une machination aussi absurde qu'inutile à l'intérêt même des misérables qui l'auraient rêvée, indiquerait de ma part une niaiserie dont je vous prie de ne pas me croire capable. Bazaine a essayé de se dégager et n'a pas pu. Alors, effrayé de la décomposition de la France, il a été leurré de la possibilité de sortir avec les honneurs de la guerre, avec armes et bagages et de se retirer dans un coin de la France avec une armée, intacte dans son honneur et pure de tout revers; il a pensé devenir à la paix l'homme providentiel. Il a cru, comme nous tous, comme les Prussiens, comme les Parisiens eux-mêmes, que Paris ne tiendrait pas huit jours et qu'on serait obligé de compter avec lui. Il voyait bien qu'il ne serait pas secouru et en fait y a-t-on songé un seul jour? Une sortie eût-elle réussi, il se trouvait avec cent mille hommes en plein pays conquis, sans base d'opération ni de ravitaillement, sans vivres, sans munitions, sans transports, harcelé par une armée de deux cent mille hommes sur ses talons, avec deux autres d'égale force en face de lui. Le mois de septembre s'est passé ainsi. Paris ne se rendait pas; les armées de secours n'arrivaient pas; rien dans le pays qu'une ébullition sourde et de mauvais aloi; les hurlements patriotiques de Gambetta dans les gares, mais rien de compact; rien de sérieux ni dans les faits ni dans les cœurs. Alors alléché par des insinuations parties du camp ennemi, le maréchal a cru qu'en envoyant directement un négociateur à Versailles, il pourrait encore faire des conditions. On a amusé ce négociateur pendant dix jours et les vivres se consommaient toujours. Puis enfin on lui a dit : Décidément, on ne vous accorde plus rien. Nous connaissons votre situation, elle est désespérée; il s'agit de capituler ou de mourir de faim, choisissez!...

Ce beau rôle de médiateur, de restaurateur de l'ordre, de dernière étoile, brillant sur le ciel de la patrie agonisante, on l'a fait luire aux yeux du maréchal. Alors, en face de l'inexorable vérité, il a agité la question d'une sortie suprême : elle a été jugée impraticable et devant amener seulement une boucherie inutile, et alors il a... capitulé.

Voilà le roman que je me suis arrangé dans ma solitude. Se rapproche-t-il de la vérité? Je le saurai plus tard. Si je ne me suis pas trompé, une immense responsabilité incombe aux maréchaux et je trouve qu'admettant même la possibilité des premières négociations, admission fort contestable, il n'en fallait pas moins à tout prix jouer le tout pour le tout et faire cette fameuse sortie. L'armée, divisée en huit ou dix corps, se serait élancée de tous les côtés à la fois; les uns eussent été broyés, les autres faits prisonniers, quelques-uns auraient pu percer.

Mais il est bien facile de dire tout cela à son bureau, et j'avoue que je juge uniquement d'après mes impressions et sans aucune donnée, puisque je parle de faits que je ne connais pas et d'un art auquel je n'entends rien; je m'abstiens au moins des injures ignobles et grossières de M. Gambetta que nous verrons peut-être à l'œuvre à quelque jour et qui, dès à présent, est tenu de nous donner, pour l'histoire, un exemple étourdissant d'héroïsme.

Il n'en est pas moins vrai qu'aux yeux du monde entier, cette capitulation est encore plus extraordinaire que celle de Sedan; elle n'a pas l'excuse de la précipitation, de l'ahurissement d'une défaite; elle a été discutée, pesée, préparée longuement et a abouti à un fait à peu près sans précédents. Ai-je besoin de dire que, comme père, je bénis le ciel qu'une résolution extrême n'ait pas été prise? C'était vouer à une mort *certaine* des milliers d'hommes et mon cher Albert était là... Cependant c'est bien dur à subir et Iéna est bien vengé!...

A propos d'Iéna, pour me mettre un peu de baume dans le sang, je viens de relire cette campagne presqu'aussi inouïe dans son genre que celle-ci, et je trouve dans M. Thiers des phrases qui semblent écrites pour aujourd'hui. Je ne puis m'empêcher de les transcrire parce qu'elles montrent jusqu'où un peuple peut descendre et de quelle chute il peut se relever.

«...Quant aux Prussiens, si on veut avoir le secret de cette déroute inouïe, après laquelle les armées et les places se rendaient à la sommation de quelques hussards, on le trouvera dans la démoralisation qui suit ordinairement une présomption folle. Après avoir nié, non pas les victoires des Français qui n'étaient pas niables, mais leur supériorité militaire, les Prussiens en furent tellement saisis à la première rencontre, qu'ils ne crurent pas la résistanee possible et s'enfuirent en jetant leurs armes. Ils furent atterrés et l'Europe le fut avec eux; elle frémit tout entière après Iéna plus encore qu'après Austerlitz, car après Austerlitz la confiance dans l'armée prussienne restait du moins aux ennemis de la France. Après Iéna le continent entier semblait appartenir à l'armée française. Les soldats du grand Frédéric avaient été la dernière ressource de l'envie; ces soldats vaincus, il ne restait à l'envie que cette autre ressource, hélas! qui ne lui manque jamais, de prédire les fautes d'un génie désormais irrésistible, de prétendre qu'à de tels succès la raison humaine ne pourrait tenir, et il est malheureusement vrai, que le génie, après avoir désespéré l'envie par ses succès, se charge lui-même de la consoler par ses fautes. »

Quel tableau! voilà la nation que nous avions pour ainsi dire broyée, qui nous met maintenant le pied sur la tête. Quelle chute et quel réveil! Mais la Prusse n'avait pas contre elle la révolution. Elle a mis soixante ans à se relever, doucement, sans secousses, serrée autour de ses institutions. Elle a accepté ses malheurs et a travaillé à les réparer. Nous nous agitons dans l'agonie de notre orgueil. La résurrection ne commencera que lorsque nous aurons dit du fond du cœur : *mea culpa.*

12 Novembre.

Nous apprenons l'insuccès de l'armistice ; je n'y avais jamais beaucoup cru. Je me figure qu'il s'attache une sorte d'idée surnaturelle à ce terrible malheur de la prise de Paris. Dussé-je être le seul à parler de la sorte, j'estime qu'il ne serait pas juste que la cause de tant de maux, de tant d'impiétés, de tant d'orgueil, sortît immaculée de cette lutte. Puis en dehors de cette appréciation un peu mystique, combien d'impossibilités se dressaient autour de cette convention ! D'abord le soi-disant gouvernement ne veut pas d'Assemblée, car, il perdrait son pouvoir et il y tient plus qu'à sauver le pays. La Prusse n'y tient guère non plus, car il lui faut Paris et elle ne peut l'avoir que par la force. Quel traité pourrait lui en ouvrir les portes ! La question du ravitaillement était aussi à peu près impraticable; là encore M, de Bismark nous a joués ; il a fait traîner les négociations pendant huit jours et a dit au dernier moment qu'il lui fallait le Mont-Valérien; c'était une reddition déguisée : et puis sont venus les événements du 31 octobre dans Paris. Cette nuit d'orgie, qui n'a dû étonner personne puisque tout n'est qu'orgie continue, a fort refroidi la soi-disant bonne volonté des Prussiens ; ils ont compris que probablement pendant l'armistice une ou plusieurs révolutions éclateraient dans Paris et que les désespérés qui rugissent dans cet enfer n'accepteraient la paix que le pied sur la gorge, la continuation de la guerre étant pour eux la source de peu de dangers et une manière assurée de vivre sans travailler. Les assaillants perdraient donc un mois et la campagne leur paraît déjà longue. Comme ils ne sont pas des hommes d'assaut, il leur faudrait recommencer leur travail *d'affameurs* contre des gens qui se seraient réconfortés pendant la trêve. Non, cet armistice n'était pas possible. Il n'aura lieu qu'après la prise de Paris, et encore avec les folies de Lyon et de Marseille, avec l'aveuglement qui jusque dans nos campagnes ferme les yeux, je ne vois pas comment il pourra se conclure. Jamais on n'a vu pareille situation dans aucun pays, et si cela se passait en Chine, ce serait bien curieux à étudier.

Je suis convaincu que la frontière belge ou la Manche passée, on trouve une masse d'indifférents, complétement froids à notre égard, qui supputent la durée de la lutte, escomptent l'effet des bombes sur le boulevard, additionnent et divisent nos morceaux de pain, et font de ce drame un sujet de *great attraction* au coin du feu ou dans un salon de club. Ainsi va le monde; il en a été et il en sera toujours ainsi.

14 Novembre.

J'apprends qu'une troupe rapide et le pistolet au poing a fait irruption dans un village voisin, pour.... désarmer les braconniers qui pullulent dans cette oasis. On a fait perquisition dans toutes les maisons et deux d'entre elles se sont trouvées munies de fusils et d'un fort joli lot de lièvres et de faisans. Les habitants n'y étaient pas, mais un homme charitable, que je connais, a tout bonnement mené les soldats dans une ferme où ils travaillaient, en a fait occuper par eux toutes les issues et a carrément livré mes deux gaillards. C'est une petite infamie que je n'aurais jamais voulu faire. L'excellent homme n'a pas hésité, mais, pour se sauvegarder vis-à-vis du pays, il a laissé entendre que ce pouvait bien être un tour de ma façon pour me débarrasser des braconniers. Quelle monstruosité et quelle abominable calomnie! C'est un honnête homme, pourtant; il n'a sans doute pas compris la gravité de ses paroles. Pardonnez-lui, Seigneur, il ne sait pas ce qu'il fait! Avec l'éducation qu'on a donnée à cette population nous sommes appelés à en voir bien d'autres. On aura beau se révolter et bondir d'indignation, il faudra passer par là, je le sais, je m'y attends, et pourtant c'est une épreuve très-dure à subir.

Les malheureux ignorent ce que c'est que l'honneur, et, capables de bien des bassesses, ils en accusent les autres. Voilà que je m'enflamme, la plume à la main! Allons, monsieur l'orgueilleux, laissez-vous vilipender et honnir; d'autres meilleurs que vous l'ont été depuis le commencement du monde. La petite nouvelle prend très-bien à

Crèvecœur et à Marles : merci, mes braves concitoyens, merci !

Oh ! mon Dieu, sommes-nous encore le jouet d'une de ces fables que nous débitent les menteurs attitrés chargés d'attiser le chauvinisme? Non, cette fois c'est vrai, et un éclair de joie nous a traversé le cœur. Nous avons eu un succès, un vrai succès : Orléans vient d'être brillamment repris par nos troupes. Après avoir été un mensonge pendant un mois, l'armée de la Loire est devenue une réalité ; il était temps. Les mobiles seuls ont dû, d'un bout de la France à l'autre, produire quatre cent mille combattants ; et les anciens militaires et les hommes de vingt-cinq à trente-cinq ans, et cette stupide et sauvage levée de vingt à quarante ans, a dû donner, je crois, deux millions d'hommes. La difficulté n'est pas d'avoir du monde, mais d'avoir une armée sérieuse, avec artillerie, cavalerie, génie, vivres, armement, ambulances et surtout exercice et discipline. Il n'y a que des enfants ou des vieillards ; et dans la population point d'envie de se battre. Où est le général capable de conduire cette foule mécontente et insolente? Il est vrai que tous les préfets de la République sont généraux. M. de Kératry,

M. Lissagaray, M. Duportal et autres messieurs de la même étoffe, journalistes, avocats, bohèmes de la politique, commandent partout et avec le plus grand sérieux. J'entends d'ici nos patriotes s'écrier : Parlez un peu des gens du métier; ils en ont fait de belles, et depuis trois mois nous mènent de désastres en capitulations. Ce raisonnement que j'entends et que je lis sans cesse, me rappelle celui du monsieur qui, ayant donné sa maison à bâtir à un mauvais architecte, fait venir son bottier pour réparer les sottises du maître maçon. Vous avez de mauvais généraux, et vous les remplacez par des...... cuistres.

Quoi qu'il en soit, une armée réelle s'est formée, et arrivant enfin à attaquer l'ennemi à armes égales, l'a battu et renvoyé assez loin d'Orléans après une très-brillante affaire. J'ai vu une lettre d'un des héros de l'action. Hélas! le pauvre enfant, toujours Français, c'est-à-dire fou d'orgueil, dit : « .....Encore deux ou trois coups comme cela, et il n'y a plus de Prussiens en France. » Je lis le même jour dans un journal : « Après ces deux journées, nous sommes plus près de Berlin qu'ils ne le sont de Paris! » Les malheureux, toujours hors du vrai, toujours incorrigibles! Pour moi, qui vois en noir, voici ce que j'augure, puissé-je me tromper! Le général Von der Thann a été battu, bien battu; il s'est retiré précipitamment en perdant beaucoup de monde. Mais il trouve à portée de sa main tout un corps saxon. L'armée du prince Frédéric-Charles accourt et va lui prêter main-forte. On laisse nos pauvres troupes s'avancer vers Paris, qui les appelle à grands cris, puis on les coupera et on les enveloppera. Alors la terrible artillerie commencera son œuvre. Ce mode de combat va beaucoup mieux aux troupes allemandes que l'assaut et la baïonnette. Mais enfin, c'est un succès. c'est le premier! pauvre armée, pauvres petits mobiles!

Ce que femme veut, Dieu le veut! Votre mère nourrissait depuis longtemps la folle idée d'aller à Rosoy. Cela paraît une distraction bien innocente. La malheureuse n'était pas sortie en voiture depuis soixante-cinq jours. Ce perpétuel *tournement* dans le jardin ou dans les rues du village avait fini par l'agacer horriblement; je le comprenais et l'éprouvais moi-même; mais par ma présence continuelle sur place, j'avais habitué le village et la maison à compter toujours sur moi, et au lieu d'avoir organisé, comme dans les autres communes, une commission qui se chargeait, à tour de rôle, de parer aux événements, c'était toujours sur moi que tout retombait. Je prévoyais qu'en cas d'alerte tout le monde serait ahuri. J'avais comme un pressentiment que rien ne justifiait. Je suppliai votre mère de me laisser à mon triste observatoire; rien n'y fit. Elle avait mis dans sa tête que je devais l'accompagner; il fallait bien obéir. J'obtins de ne partir qu'à trois heures et demie, pensant qu'à cette heure-là on était tranquille pour la soirée.

15 Novembre.

Bref donc, le 15 nous fîmes cette folie; et nous avons passé deux bonnes heures entre madame C....., madame G...., madame F..... et la maîtresse de poste, et nous nous acheminions de nouveau vers notre exil, lorsqu'au haut de la côte je reconnus une voiture de Lumigny qui arrivait aussi vite que lui permettaient les moyens restreints de son coursier plus que médiocre. Bon, me dis-je, il y a quelque chose de nouveau! et que le diable vous emporte! dis-je à votre mère avec l'accent du mécontentement.

Un quart d'heure après notre départ, sans aucune préparation, étaient arrivés quatre cents hommes, cent chevaux, quarante voitures. Tout cela s'était enfourné au château et ne voulait en sortir sous aucun prétexte. En arrivant, je trouvai tout envahi : les escaliers, les corridors, les chambres; il y avait dix-huit officiers à qui on préparait des logements à la hâte. Je me précipitai dans cette cohue; il faisait nuit. N'ayant pu faire une entrée empreinte de quelque dignité, mon titre de propriétaire de la maison n'était accepté par personne. Je cherchais partout le commandant sans pouvoir le trouver; enfin je mis la main dessus. C'était un Prussien assez sec, dont le demi-français, rendu encore plus inintelligible par un bégaiement très-prononcé, était insupportable :

— Tous, tous, tous les.... hommes rester ici; pas, pas village. O.... ô.... ôtez.... chevaux; mettre nôtres.... à.... à.... place. Et ainsi de suite.

Pendant ce temps-là, messieurs les jeunes officiers sifflaient, chantaient, fumaient dans les corridors, se tordaient de rire en voyant les caricatures qui en couvrent les murs. Vous jugez de la confusion. Que dire! Ils avaient pour eux la force, laquelle prime le droit, a dit M. de Bismarck. A la fin, tout se casa fort mal pour eux comme pour moi; on arrangea à la hâte un dîner de dix-huit couverts; les rallonges de la table reparurent comme aux beaux jours de l'automne; mais quels convives! Cependant, à la fin du dîner je dois dire que le commandant avait eu la délicatesse de demander au maître d'hôtel si on fumait dans la salle à manger; celui-ci, avec son air sec, ayant répondu que non, tous étaient remontés dans leurs chambres, avaient roulé des chaises dans la plus grande, fait du vin chaud, et chanté jusqu'à minuit de ces chants allemands si mélancoliques, si mélodieux, qui font maintenant tant de mal à entendre. Et pendant ce temps, nous grignotions en silence notre petit souper, enfermés dans nos chambres.

Vous dire comment tout ce monde a pu tenir est impossible; par exemple nous étions parfaitement gardés. Il y avait des sentinelles partout, sous la voûte, aux perrons; il y en a une qui a passé la nuit sur les trois marches qui sont à la fenêtre de votre mère; on l'entendait tousser de l'intérieur de la chambre. Il en est, du reste, toujours ainsi, lorsque nous sommes envahis. Si quelqu'un se présente à la grille, un avertissement clair et péremptoire l'avertit de passer au large; nous n'avons pas besoin de visite et la maison est au complet. Le lendemain matin toute cette foule est partie, avec tous ses chevaux, ses hommes et ses voitures; il en sortait de partout.

Ils m'emmenaient mon pauvre Niquet avec Rosalie, la chère Rosalie, qui allait leur donner bien dans l'œil avec sa belle robe gris pommelée. Ce bataillon d'infanterie venait en droite ligne de Metz; il avait pris part à toutes les rencontres, ne tarissait pas d'éloges sur le courage de l'armée française dans les combats d'août, reconnaissait n'avoir jamais pris ni un canon ni un drapeau, en un mot reposait les oreilles de toutes les insultes de Gambetta. Deux frères du commandant avaient été tués à Mars-la-Tour, et cet officier en parlait avec une émotion simple et digne.

Ce même jour je vois arriver, vers midi, une calèche découverte habitée par un monsieur en bleu de ciel. Je reconnais M. le comte de F...., le préfet prussien *pour la Seine-et-Marne*, comme ils disent. Je l'avais vu à Coulommiers; je vous en ai parlé; je ne vous referai donc pas son portrait. Cette visite me plaisait fort peu, car je ne voulais à aucun prix traiter nos ennemis en relations de société. Mais j'avais négocié avec lui pour sauver l'arrondissement d'une partie de l'impôt de guerre et j'avais réussi; je lui avais demandé des sauf-conduits pour des boulangers, des épiciers; j'avais obtenu l'élargissement de pauvres paysans emprisonnés pour armes cachées ou rixes avec les soldats. Ceci rentrait dans le rôle que je m'étais imposé : rendre si je le pouvais quelques services. Je n'aurais pu arriver à ce résultat en lui montrant le poing et en lui parlant de ses hordes dans le style officiel. Il tenait à voir de ses yeux ce rare spécimen d'un château habité; par la singularité du fait, Lumigny devient légendaire. Un châtelain et surtout une châtelaine, c'est rareté par le temps qui court.

Donc, monsieur le préfet, se rendant de Meaux à Melun pour prendre possession de son chef-lieu, que quelques milliers de casques ont préparé à le bien recevoir, avait voulu, en passant, voir ce phénomène dont il avait entendu parler. Il est resté encore plus réservé que la première fois, m'a parlé de ses relations à Paris, où il a été fort longtemps attaché d'ambassade, m'a donné peu de nouvelles de la guerre et n'a abordé que délicatement la politique. J'ai tenu à lui dire que je profitais de cette occasion pour établir avec lui ma position bien nette; je lui ai dit que mes enfants étaient militaires et donneraient la dernière goutte de leur sang pour tuer le dernier Prussien; que mon rôle, quoique tout autre, est aussi français, et que je suis resté seulement pour servir de tampon entre les populations inoffensives et l'armée envahissante. Il n'entend pas, je présume, faire de moi un instrument de transactions interlopes; jamais je ne serai son administré, mais bien un père de famille qui, forcé de plier devant la force, cherche à rendre le fardeau moins lourd pour ses enfants. Ainsi je pense bien qu'il ne sera question entre nous ni de manifestations, ni de serment quelconque, ni de protestation de neutralité d'aucun genre. Je lui ai fait sentir que tout son intérêt est que les gens comme moi restent à la tête des communes, et que la moindre atteinte à ce que je regarde comme affaire de conscience me trouvera inflexible. On nous prend notre avoine et nos moutons par réquisition, on peut brûler nos maisons, on peut même, à la rigueur, nous fusiller jusqu'à la mort ; mais on ne nous prend pas notre honneur, il est au-dessus des mitraillades des armées allemandes. Je tenais à expliquer ma manière de voir, parce que dans plusieurs départements envahis je sais qu'il y a des préfets ou gouverneurs qui ont indignement abusé de la force pour peser sur les consciences, et qui, trop souvent, hélas ! ont trouvé un sol préparé. Mon interlocuteur m'a écouté avec une dignité froide et contenue, paraissant m'approuver. En tout cas, il a dû me bien comprendre.

J'aurais encore insisté bien davantage si j'avais connu les papiers, en route pour moi, et que j'ai reçus le lendemain. Parmi eux se trouvaient des numéros du journal de Reims, imprimés sous le canon prussien et renfermant cette ordonnance inique, lancée par l'autorité militaire et adressée aux maires, d'avoir à faire un recensement de tous les habitants de leur commune, de le remettre à l'administration qui constaterait le départ d'un ou de plusieurs membres d'une famille, en raison de la levée en masse décrétée il y a quelques jours. L'absence non justifiée de chaque individu sera punie d'une amende de cinquante francs par jour. Ainsi, il faut que nous, maires, chargés de la gestion des affaires d'un pays, investis d'une magistrature paternelle, nous nous fassions les espions et les délateurs de nos concitoyens; il nous faut livrer leurs noms à l'ennemi pour les empêcher de répondre à un appel absurde selon moi, mais cependant bien légitime! L'ordonnance ajoute qu'on commencera par demander aux maires leur parole d'honneur qu'aucun départ n'a eu lieu. Ceux qui se refuseront à ce serment attireront sur leur commune des visites domiciliaires; des otages seront choisis et les administrateurs qui feraient les *Spartiates* ne sauveront nullement leurs administrés, vis-à-vis desquels il y a toujours de sûrs moyens de répression; on est, d'ailleurs, décidé à employer tous les arguments utiles pour arriver au but. Je n'ai pas besoin de faire sentir tout ce que de pareilles menaces ont d'inique, de contraire à la simple morale, de blessant pour la conscience.

La position de maire tend à devenir intenable; d'un côté le gouvernement français, ou ce qui s'est affublé de ce nom, lance une ordonnance insensée arrachant à ses foyers environ deux millions d'hommes qui ne produiront qu'une cohue. Si vous n'obéissez pas à cet ordre, on vous flétrira du nom de mauvais citoyen : vous avez paralysé la défense. D'un autre côté, les ennemis qui nous étreignent de toutes parts nous menacent, si nous exécutons ces ordres, de châtiments plus à redouter, car ils peuvent de suite être mis à exécution. Si j'avais connu cette mesure avant la visite de mon préfet, je me serais empressé de dire à M. de F.... que j'étais décidé à ne pas l'exécuter, et que j'attendrais ses actes de rigueur. Je lui aurais dit : Saisissez vous-même les actes de l'état civil, débrouillez-vous ; faites des visites domiciliaires. Quant à m'employer à ce métier, jamais ! Heureusement pour nos contrées envahies, la circulaire Gambetta est restée lettre morte ou plutôt n'a pas été connue, car je n'en ai reçu aucune notification. Comme je la trouve absurde, je ne fais aucune démarche pour exciter de malheureux habitants à partir le bâton à la main, sans savoir où ils se réuniront, pour errer dans les champs jusqu'à ce qu'ils aient trouvé une armée française. Je n'ai du reste pas un grand mal à contenir leur ardeur. Quant à la pression prussienne exercée dans la Marne, je ne l'ai connue que par les journaux de ce département. Serait-ce que M. de F..., plus intelligent que ses confrères, a voulu laissé dormir cette hydre d'iniquité? Cependant je suis entre le marteau et l'enclume. Bientôt la position ne sera plus tenable, car la population ne comprend rien à mes scrupules de faux serments et commence d'ailleurs à me porter sur les nerfs au delà de toute expression.

18 et 19 Novembre.

Ces deux jours sont occupés à organiser les voitures de réquisition qu'on demande à toutes les communes pour le transport des munitions et des vivres, du chemin de fer à Corbeil et *vice versa*. Tous les hommes refusent d'y aller. C'est que la corvée est rude, et que mal nourris (quand ils le sont), souvent fort maltraités, ils ont toujours la perspective d'être emmenés fort loin. Le pauvre Niquet revient d'une pareille tournée ; il arrive de Lonjumeau sur la route d'Orléans. Il n'a rien vu dans le centre du camp prussien ; seulement *on* lui a dit que les officiers racontaient avoir perdu la veille 80,000 hommes (c'est le chiffre de rigueur). Braves officiers ennemis qui viennent narrer leurs pertes à des charretiers ! Je vous cite ce fait pour vous montrer que rien n'est changé à nos illusions et nos hâbleries guerrières, malgré nos désastres répétés. Jamais on n'aura vu une génération se repaître de chimères semblables, qui n'ont qu'un seul et unique mobile, l'orgueil. Il ne faudrait pas croire chez elle à un grand sentiment patriotique, car tous ces foudres de guerre qui avalent cent mille Prussiens pour leur déjeuner avec cinquante pièces de canon comme hors-d'œuvre, seraient désolés d'aller de leur personne contribuer aux préparatifs de ces festins. Ils se contentent de colporter toujours et partout la guirlande des victoires. Beaucoup n'en croient pas un mot, mais chaque voyageur est tenu de raconter un triomphe sous peine de passer pour mauvais citoyen.

20 Novembre.

Vers quatre heures, à la nuit tombante, un soldat seul se présente à la grille; c'est un sous-officier. Il m'annonce que 6,000 moutons viennent me demander l'hospitalité. Merci de la préférence!... Mais il faut trouver de la place. Il me parle de les mettre à couvert. Mais c'est impossible... la maison tout entière avec tous ses étages n'y suffirait pas. On convient de les faire entrer dans le jardin et de les inviter à coucher sur le gazon : cette horde s'introduit.

Vous ne vous figurez pas ce que c'est que 6,000 moutons ; les déserts d'Afrique ou les prairies de la primitive Amérique en voient seuls une telle agglomération. Ce troupeau est conduit par des soldats de la landwehr, vieux, grognons et difficiles à contenter. Ces vétérans ont fait des feux sur le gazon pour les postes de garde, et les gens de la maison ont été prévenus qu'ils eussent à s'abstenir de promenades nocturnes, attendu que les sentinelles avaient ordre de tirer impitoyablement sur quiconque rôderait la nuit autour de leurs moutons. Vraiment c'était un tableau d'un curieux effet que ces grands arbres éclairés par d'énormes brasiers, ces silhouettes noires passant et repassant dans une lumière fantastique avec de longs bêlements se répandant mélancoliquement dans le silence de la nuit.

Le lendemain cette armée s'est ébranlée lentement ; les soldats avaient mis leurs fusils en bandouillère, et avec de longues perches guidaient cet interminable convoi, lourds et épais pasteurs qui ne ressemblaient en rien, je vous assure, aux bergers de Watteau.

Trois ou quatre jours se sont passés sans événements à noter, si ce n'est l'établissement d'une garnison fixe à Touquin et le passage constant de patrouilles qui sillonnent les villages environnants ; il faut bien que cette garnison fasse quelque chose. De là pour moi une foule d'affaires fastidieuses à raconter ; querelles à calmer, arrestations à faire lever, rôle d'interprète à jouer. En un mot, les détails monotones d'une vie qui devient insupportable au physique et au moral. Nous n'avons plus, hélas ! ni une lettre, ni un journal ; toutes nos petites combinaisons machiavéliques de correspondance ont fini par s'évanouir sous le poids d'une occupation écrasante, et pourtant des nouvelles nous seraient aujourd'hui bien nécessaires, car les dernières que nous ayons reçues nous ont laissé sous la terrible impression de la possibilité d'un envahissement de la Belgique par la Prusse. Nous sommes bouleversés, vous le pensez bien, mes chères filles, ce serait trop! J'ai pu consentir à me séparer de mes plus chers liens et vous confier à nos parents. En condamnant l'orgueil français je tâche de guérir le mien. J'ai accompli ce grand sacrifice avec la pensée consolante que vous passiez ce temps d'épreuve sans émotions vives et loin de ces funestes événements. Aujourd'hui vous êtes peut-être au milieu du combat, sous l'ouragan de l'invasion! Qu'allez-vous devenir? Il y a pourtant un terme aux services à demander aux siens. Je ne puis vous laisser ainsi à la charge d'une famille déjà si nombreuse, au milieu des agitations qui accompagneraient un pareil moment. Et si ces bruits se confirment, ou si les nouvelles continuent à manquer, nous trouverons un moyen d'aller vous rejoindre.

Et puis, je penserai tout haut avec vous, mes enfants. Un profond dégoût m'a saisi depuis longtemps. Il est devenu de l'irritation et sera bientôt une colère indignée dont je ne pourrai plus contenir l'expression. Des mots mal sonnants arrivent à mon oreille, colportés par des tiers, car nul n'oserait me dire en face pareille chose!

Ces infamies font à mon cœur une blessure qui ne se fermera jamais, jamais, malgré les bassesses dont ne seront pas avares plus tard les misérables qui m'injurient aujourd'hui. Ces malheureux, dont je m'occupe depuis des années, qui m'ont assailli, sans jamais me lasser, de demandes d'intervention auprès des autorités prussiennes, ne vont-ils pas jusqu'à murmurer que je suis de ceux qui ont payé la Prusse pour venir nous dépouiller et que j'ai avec elle je ne sais quelle entente. Intérieurement, disent-ils, je prends fort bien mon parti des malheurs de mon pays...

Comment, un de mes fils vient d'assister à sept batailles et y a tenu sa place d'une manière assez honorable pour avoir reçu la croix à Gravelotte; l'autre, devançant tout appel, a quitté femme et enfants pour reprendre son épée; moi-même qui, certes, n'avais jamais tenu au gouvernement qui vient de tomber et moins encore à celui qui le remplace, je me suis enfermé avec vous pour vous aider à supporter cette crise, et voilà comment vous m'en récompensez! Je devrais sans doute mépriser d'aussi absurdes calomnies, mais il y a en moi un sentiment d'honneur qui se révolte.

. . .

Après tout, je commence à trouver que je fais ici un sot métier; dans les autres communes où les châteaux sont déserts, on se tire passablement d'affaire. Les aubergistes, les épiciers et les marchands de vin gagnent de l'argent; les hommes chassent jour et nuit et vendent leur gibier aux Prussiens. J'avais offert de l'ouvrage à tous les bûcherons; beaucoup aiment mieux braconner ou ne viennent au bois qu'avec leurs fusils, égayant les journées par quelques rabats. En somme la vie est bonne : on chante la *Marseillaise*, et on ne fait rien. La plupart s'accommodent très-bien des Prussiens. *Ils sont, quand on les connaît, si bons garçons!*

Le projet d'un départ s'affermit de plus en plus dans l'esprit de votre mère et dans le mien. J'ai bien retourné dans mon esprit les chances d'un coup sur la Belgique et je trouve son exécution, non-seulement admissible, mais très-probable.

Le dernier numéro de l'*Étoile belge* que nous avons reçu il y a huit jours, rend compte d'une interpellation qui a eu lieu à la Chambre des représentants. Le ministre a avoué d'un air assez embarrassé que certains articles de la presse belge avaient choqué l'ambassadeur prussien et que, dans l'intérêt de la sécurité du pays, il avait dû, malgré son respect pour la liberté, arrêter des écarts dont les suites pourraient être funestes. Il est certain que la Belgique et la Hollande compléteraient parfaitement la Prusse en lui donnant un débouché maritime; il est évident aussi que deux seules puissances peuvent s'opposer à cette annexion, la France et l'Angleterre. L'une est vaincue, l'autre n'a pas d'armée et se trouve paralysée par la crainte de la Russie en Orient et aux Indes. Or la Russie et la Prusse ont fait des arrangements: Constantinople est l'enjeu de la première, pourquoi la Belgique ne serait-elle pas le cadeau offert à la seconde. La force ne prime-t-elle pas le droit? L'avenir verra les représailles, les coalitions, les fautes amenées par l'enivrement, les expiations méritées, un Sainte-Hélène vengeur de la morale outragée, mais il n'en est pas moins vrai que les mêmes lois ont toujours gouverné le monde et que Dieu n'a encore fait qu'une fois le miracle d'engloutir une armée conquérante dans la mer pour l'empêcher d'aller plus loin.

Ainsi donc, l'Allemagne peut ce qu'elle veut; elle a en France plus d'hommes qu'il ne lui en faut pour exécuter une petite promenade en Belgique qui divertirait assez le corps de Manteuffel. Le prétexte, elle le trouvera quand elle voudra; aujourd'hui c'est la malveillance de la presse, demain ce seront des marchés d'armes faits avec nous; ou bien une trop grande sympathie montrée à nos blessés, ou encore la prison de nos soldats internés, entr'ouverte, et ceux-ci rentrant en France. Il en est toujours ainsi. Depuis les loups qui veulent manger les agneaux, jusqu'à ces grands dévorants qu'on appelle des conquérants, on ne s'est pas donné la peine de rien inventer de bien nouveau.

Quel drôle de peuple nous sommes et quelle étrange manie nous avons de ne vouloir jamais accepter la logique des événements quand elle tourne contre nous! Avons-nous assez parlé de nos frontières du Rhin et de notre annexion de la Belgique. Nous la trouvions toute naturelle, et nous établissions par des combinaisons sociales et géographiques qu'elle était nécessaire à la bonne organisation de l'Empire français et... à l'équilibre européen. A présent que nous avons perdu la partie, nous tombons de notre haut en nous apercevant qu'on veut nous rendre la pareille. Nous crions : « Pas un pouce de territoire, etc !... » et nous aurions trouvé insensé, inepte et bon à pendre le souverain qui serait rentré après des victoires sans une bague au doigt à offrir à la France comme prix de ses efforts. Et nous nous obstinons dans une lutte impossible dont la continuation tarit chaque jour davantage les sources de la vie, éloignant de plus en plus le moment de la revanche, mirage des vaincus.

N'ayant plus, hélas! ni lettres ni journaux, je relis comme je vous l'ai déjà dit les campagnes du premier Empire ; cette lecture fait peut-être plus de mal encore au milieu de nos désastres, mais enfin... Eh bien ! nous avons fait la paix de Tilsitt, à la prussienne. On coupait par-ci, on rognait par là ; on offrait un royaume à un frère, un os à ronger à un ami sous forme de principauté; on gardait naturellement la meilleure part. Les larmes de la reine de Prusse valaient, j'imagine, celles de M. Jules Favre : il a fallu pourtant passer sous les Fourches caudines et après avoir déchiré par lambeaux toute l'Allemagne, Napoléon et Alexandre de Russie se partagèrent l'Europe. C'était inique sans doute, et ces guerres épuisaient la France aussi bien que les autres nations. On a maudit l'homme, on a maudit le règne... et on a voulu recommencer! Cette fois-ci nous avons perdu la partie, subi des défaites inouïes. Mais comme notre orgueil survit à tous ces désastres, nous cherchons à les expliquer par la trahison. La France est invincible, nous savons cela. C'est un privilége unique qu'elle a reçu du Créateur : quand il lui arrive des malheurs, c'est toujours par la trahison! Alors, MM. Gambetta, Spuller et Cie s'en vont cherchant partout cette pierre philosophale, le grand homme demandé; ils s'adressent aux journalistes, aux avocats, aux pharmaciens, jusqu'à ce jour sans succès! Comment ne comprennent-ils pas que le fameux grand homme ne leur servirait à rien? Entre deux armées à peu près égales en nombre et en organisation, celle qui a un grand homme à sa tête peut et doit battre l'autre, mais il faut cette égalité dans les forces et c'est ce qui nous a manqué.

Pour en revenir à la Belgique qui me préoccupe tant, je m'évertue à en savoir des nouvelles et je n'y parviens pas. Vous jugez à quel point chaque soir mon angoisse augmente. Vos dernières lettres sont du 10 et nous voilà au 26.

Quels événements se sont passés depuis lors? où en est Paris? où en est cette armée de la Loire qui maintenant en mouvement doit forcément vaincre ou périr? Nous ne pouvons ici avoir aucun détail; nous savons seulement que le résultat final sera des plus brillants pour nous, et que nous serons vainqueurs sur toute la ligne dès qu'on se sera débarrassé des *traîtres*...

Comme surcroît de difficultés je souffrais depuis plusieurs jours d'un fort mal de dents ; j'ai fini par prendre un grand parti ; j'ai voulu supprimer l'effet en supprimant la cause. A cette opération bien simple a succédé une névralgie dans la tête qui me cause des douleurs vraiment intolérables ; je ne suis plus bon à rien, je me promène dans toutes les chambres comme un fou furieux. Je crois que jamais je n'ai souffert d'une manière aussi aiguë, et certes ce n'est pas le moment de s'occuper de son pauvre corps. Mais je suis vaincu et obligé de rester ici brisé par la douleur; heureusement votre mère me supplée avec son énergie habituelle et les choses sont montées de façon à prévenir l'ahurissement du premier moment.

26 Novembre.

Tandis que je tiens ma tête à deux mains, je vois des soldats déboucher par la plaine du Gué; d'abord quatre, puis vingt, puis cinquante; ils arrivent à la grille, on parlemente, puis d'autres arrivent par le chemin du village. Il y en a partout. Tout d'un coup ils cernent Champlet, se faufilent dans les jardins, dans les maisons, fouillent les lits sans entrer dans aucune explication, puis se dispersent et reviennent encore; ce spectacle tenait du grotesque et de l'étrange. Pendant ce temps-là une autre troupe escaladait les murs du parc, y faisait une sorte de battue, puis revenait au village, se faisant remettre les registres de l'état civil, entrait dans l'église, montait au clocher, regardait la vue avec des lorgnettes, puis demandait à déjeuner sans cris, sans violence, avec cette ponctualité grave qui distingue cette armée. Enfin je vois revenir du village votre mère avec trois officiers qu'elle amène au château. On leur avait dit que j'étais malade; ils ne veulent pas me déranger; cependant je me traîne au salon la tête toute emmaillotée et je réponds à leurs questions. Ils voulaient savoir la date du dernier décès dans la commune, parce que, disaient-ils, un soldat à la queue d'une colonne avait été attaqué par une troupe de paysans, en avait tué deux et était venu raconter son exploit, tout haletant, blessé lui même et encore étourdi par cette scène de carnage. Je dis à ces messieurs que ceci me paraît un conte. Nous aurions certainement su la mort de deux habitants des environs et je leur affirme que j'entends pour la première fois parler de ce drame invraisemblable. Quand un Allemand a quelque chose en tête, il est bien difficile de l'en faire sortir. Je ne les convaincs donc pas, mais ils sont fort polis et déjeunent tranquillement en attendant leur colonne qui en fait autant au village. Ce corps volant faisait partie de la garnison de Touquin: car il y a une garnison fixe dans ce trou; nous pouvions aussi bien tomber sur cette corvée et c'en est une terrible pour une commune.

27 Novembre.

Le lendemain, toujours névralgie; vers une heure, une troupe d'une centaine d'hommes arrive au village, dit qu'elle sait le maire malade, qu'il ne faut pas le déranger. L'officier entre à la mairie, somme le secrétaire de lui donner le cachet et de transcrire une affiche qu'il lui présente, et qui est appliquée sur les murs en plusieurs exemplaires. Voici cette pièce d'un style curieux que je copie textuellement.

« Le soussigné commandant de place à Touquin a remarqué qu'on a tiré des coups de fusil hier soir dans les communes de Touquin, Pézarches, et autres; aussi on a entendu de divers signaux. Le soussigné présume que des mauvais sujets sont les auteurs de ces affaires et il fait responsables les maires que ces désordres seront finis immédiatement : sinon c'est l'affaire des communes et elles seront punies sensiblement par des amendes. »

Et voilà! le français est imparfait, mais le sens

est clair. Il est évident que ce sont les braconniers qui nous valent ce morceau de style, nous ne les livrerons pas, ils le savent bien et ils continuent d'une manière indigne leurs deportements. Maintenant est-ce vraiment là ce qui préoccupe les Prussiens. Ils se soucient fort peu du gibier; mais ils ne peuvent, en bonne conscience, vivre dans un pays soi-disant désarmé et qui fait parler la poudre toutes les nuits. Ils se disent que, faute de gibier, ces batteurs d'estrades pourraient bien tirer sur eux, et comme ils reconnaissent l'impossibilité de les saisir, ils nous en rendent responsables. Pauvre chasse, que j'ai tant aimée, tu me punis de mes amours et me donnes bien des tracas posthumes!

28 Novembre.

Nouvelle arrivée de Prussiens; ils remontent au clocher. Ah! ça, mais c'est une rage de monter au clocher! A onze heures arrive au château un officier de cavalerie qui vient me demander mon récépissé d'armes livrées. J'étais en règle. Il me salue fort poliment et repart aves ses cinquante chevaux. Puis tout à coup apparaît une nuée de fantassins sortant des bois de Châtillon; ils faisaient une battue dans toute la forêt, ensuite arrive un peloton d'artillerie à cheval avec deux pièces de canon; les pièces sont placées en position au-dessus du cimetière, menaçant le village et toute la contrée.

Ces dispositions prenaient tout à fait l'aspect de la guerre et on commençait à rire jaune; cependant les hommes qui ne sont pas de garde viennent déjeuner; cela se traduit toujours par de la mangeaille. Comme je suis encore très-souffrant, votre mère part bravement pour le village et va trouver le commandant qui déjeune chez C....; je dois dire que les habitants du village me sachant malade avaient voulu m'éviter cette corvée à laquelle je m'étais si souvent dévouer pour les en décharger. Cet officier, paraît-il, a une charmante figure, des manières distinguées; il avait beaucoup entendu parler du château de Lumigny, et demandait la permission de revenir une autre fois pour le visiter. Que le diable l'emporte, lui son admiration et sa visite!

Pendant ce temps les casques grouillaient tout

autour du château; un officier qu'on traitait de colonel s'est arrêté à la grille, a beaucoup regardé, mais n'a pas demandé à entrer. D'un autre côté, un groupe d'une cinquantaine d'hommes longeant la futaie est venu se poster en silence le long du Saut-de-loup. Je regardais du fond de ma prison, courant d'une fenêtre à l'autre, et tenant toujours à deux mains ma tête malade. Après une halte d'un quart d'heure, cette troupe a disparu aussi mystérieusement qu'elle était venue.

Cependant un galop se fait entendre dans le jardin. Arrive avec aisance et comme chez lui, le *Commando* de Coulommiers. Il se présente le sourire sur les lèvres, nous disant qu'il vient nous rassurer sur tous ces mouvements de troupes, qui n'ont rien d'inquiétant. On parcourt ainsi toute la contrée pour empêcher des formations de bandes; on a cru voir certains petits symptômes d'agitation; lui-même a été arrêté dans les bois; il est arrivé bien des petites choses, et patati, et patata... Il recommence un parlage que je comprends à peine. De ma vie je n'ai vu pareil bavard, et comme je le suis fort moi-même, je m'enflamme, et, dans un allemand impossible, lui dis que je relis, pour me mettre un peu de baume dans le sang, la campagne de 1807. Ces bons Prussiens ont reçu alors une terrible frottée et à leur place je signerais aujourd'hui la paix à tout prix. Nos petits-enfants seront élevés dans la rage de la vengeance et tôt ou tard nous prendrons notre revanche.

Votre mère n'aime pas beaucoup mes diatribes; elle émet avec moins de violence quelques élégies douloureuses sur la perte de nos provinces, et dit avec assez de malice aux Allemands, qu'il ne faut pas nous faire croire que c'est par humanité qu'ils ne bombardent pas Paris, puisqu'ils ont bombardé Strasbourg, Mézières, Châteaudun et même Orléans et Dijon; que d'ailleurs il n'y a dans les forts ni femmes, ni enfants, ni monuments, mais que tout bonnement ils ne peuvent pas en approcher et préfèrent à l'assaut le système, peu meurtrier pour eux, de la famine. Elle dit tout cela en très-bon allemand, avec un calme qui produit beaucoup plus d'effet que les menaces, dont l'imperfection de mon langage détruit l'éloquence. Le *Commando* nous laisse quelques journaux allemands, notre seule pâture maintenant, et dont la lecture déchire parfois quelques-uns des voiles qui nous environnent.

Le soir après dîner, votre mère traduit les nouvelles avec une étonnante facilité et nous voyons enfin ce qui s'est passé depuis que nos communications sont interrompues. Sans ces journaux, il nous faudrait dévorer tristement et sans y croire le récit fantastique de toutes nos victoires. Tenez, pendant que j'y pense, on nous assure bravement que les Prussiens ont perdu 50,000 hommes dans un assaut donné au Mont-Valérien ; que Versailles est repris et en flammes ; que Bismark a été fusillé par derrière..... Dès qu'un caporal et quatre hommes remontent sur Coulommiers, on s'écrie : Voyez-vous, c'est la fuite qui commence !... ils tremblent, ils ne savent où donner de la tête ! L'armée de la Loire est à Corbeil ; Bourbaki est à Lagny ; ils sont entre deux feux. Ah ! voilà donc la fin qui approche. On a entendu à Tournan le tambour français ; on en a bien reconnu le son !

Voilà les nouvelles que nous avons ! De temps en temps, dans le cours de ce récit, je vous résume quelques-unes de ces balivernes ; mais mettez-vous bien dans la tête que c'est tous les jours à recommencer. N'est-ce pas à devenir fou ?

29 Novembre.

Pendant toute la journée des patrouilles inoffensives parcourent la plaine et passent dans le village. Elles rencontrent dans le bois trois de mes gardes qui, sans armes, faisaient leur tournée. La patrouille armée arrête la patrouille désarmée et l'emmène à Touquin, où mes hommes se font reconnaître; ceux-ci insistent beaucoup sur leur position de gardes. *Gardes*, *gardes*, hurlaient-ils aux oreilles des soldats. Les Prussiens ont ajouté *in petto* : mobiles, et les ont déclarés de bonne prise.

30 Novembre,

Je vais à Coulommiers pour tâcher d'avoir des nouvelles de nos charretiers en route depuis près de quinze jours ; leur position se complique, puisqu'ils sont partis pour Étampes et Toury, bien loin de nos circonscriptions. En arrivant, je trouve plusieurs personnes dont la plupart me sont complétement inconnues et qui viennent me demander d'intercéder, l'un pour un cheval, l'autre pour un homme arrêté, un autre encore pour des armes découvertes. J'essaie naïvement et parviens à rendre quelques services. Mais je sens que j'entre dans une mauvaise voie, car si j'use de ma petite influence pour faire un peu de bien, on ne manquera pas de dire que je pactise avec l'ennemi. Quand donc ce pauvre pays comprendra-t-il que nos intérêts, nos sentiments et nos principes de chrétiens nous lient aux habitants du sol, et que les vrais ennemis, les vrais méchants sont ceux qui cherchent à semer des haines entre nous et une population, au bien de laquelle nous avons, depuis des générations, consacré notre vie entière. Je sais très-bien qu'on dira qu'il faut mépriser tout cela : mais un moment arrive où la calomnie exaspère d'une manière folle, et je ne puis, malgré tous mes efforts, vaincre la profonde répulsion que m'inspire la race humaine quand elle m'apparaît sous ce jour.

Je vois grandir des difficultés dont je vous ai déjà entretenus. Vous vous rappelez que le gouvernement français a fait un décret qui appelle sous les armes tous les hommes de vingt à quarante ans. D'abord les non-mariés, puis les mariés, puis les pères de famille ; on prendra aussi les mères et les grand'mères sans doute. Je trouve cette mesure absurde parce que je suis conséquent dans mon idée de voir finir cette affreuse guerre. Et je me crois, en ceci, beaucoup plus dans les intérêts de la France que les partisans d'une défense à outrance, sans issue possible, et destinée à ruiner le pays pour des années. Mon opinion est partagée par tout le monde ici ; de plus, ce décret draconien, pris sans consulter le pays, imposé par un pouvoir despotique s'il en fût, je ne l'ai jamais vu, jamais reçu ; je n'en connais l'existence que par ouï-dire.

Jusqu'ici j'étais demeuré tranquille ; mais j'apprends que des chauds (ceux qui ne doivent pas partir) organisent une levée à Rosoy et pèsent sur ces malheureux hommes, en traitant de lâches ceux qui ne partent pas. Cet élan très-factice et très-tiré par les cheveux se communique de proche en proche, parce qu'on n'ose pas faire autrement que le voisin. Il va donc falloir m'exécuter et arracher à leurs familles de pauvres diables qui ne pourront faire des soldats que dans six mois ou un an, et qui vont dépérir à petit feu de faim et de misère.

On commence à dire qu'il n'y a que les jeunes gens de Lumigny qui ne partent pas, que c'est bien drôle et qu'on reconnaît là l'influence de mes sympathies suspectes! Aimables insinuations! Il faut en prendre son parti ; le cœur me saigne. Je ne vous nomme pas tous ceux qui sont frappés ; ils sont onze, pour les célibataires seulement ; jusqu'au pauvre B...., le séminariste, qui n'a que le souffle ; on l'oblige à se mettre en route avec cette santé délabrée, condamné de la poitrine, aussi inutile comme soldat qu'une femme ; la pression révolutionnaire s'en mêle et tous ces gens désespérés deviennent de féroces dénonciateurs pour leurs camarades.

Je les vois tous en secret, car je sais que l'administration prussienne prend des mesures très-sévères pour empêcher ce recrutement. Je les presse de se décider ; je leur donne à tous un petit pécule pour le voyage et une soi-disant feuille de route. Je les envoie où ? je n'en sais rien ; sur la route de Provins où ils vont peut-être se faire ramasser par des patrouilles prussiennes, ou bien errer à la recherche d'une organisation qui n'existe pas. Tout cela parce qu'il plaît à M. Gambetta de faire du tapage autour de son nom, parce qu'il a dit que la République ne poûvait pas capituler.

2 Décembre.

Comme je l'avais prévu, le lendemain, 2 décembre, arrive une affiche prussienne très-raide, qui défend les départs sous les peines les plus sévères, menace les familles et les communes d'amendes énormes s'il disparaît des hommes, et nous charge, nous maires, de désigner les coupables. Le préfet s'intitule le seul gouvernement « légitime » des provinces occupées. Oh ! pour le coup, je suis menacé de devenir administrateur prussien. Je vais être obligé sous serment de déclarer que je n'ai pas fait partir mes hommes. Mes bons confrères prêteront ce serment sans sourciller ; plusieurs l'ont déjà fait. Moi je ne le peux pas, je ne le pourrai jamais. Et alors qu'arrivera-t-il ! souffrirai-je seul et pourrai-je me draper dans la gloire du martyre ! Non. Nos vainqueurs, toujours bien avisés, déclarent qu'ils feront des visites domiciliaires dans les maisons, les registres de l'état civil à la main, que chaquc famille condamnée aura à payer cinquante francs par jour d'absence d'un de ses membres ; faute d'argent on prendra des animaux, des meubles même. Comme on ne prendra pas mes vaches (il ne m'en reste plus), on pourra dire que je sais toujours me tirer d'affaire.

Décidément ma position devient impossible et mon rôle n'est compatible ni avec mes sentiments français ni avec mes sentiments d'honneur. Je continue à n'avoir pas de nouvelles de vous ; l'inquiétude nous dévore, votre mère et moi. Toutes les circonstances que je vous dépeins, jointes à cette angoisse mortelle, me jettent dans un trouble indescriptible.

Je l'ai déjà dit dans le cours de ce récit : l'ingratitude niaise de mes compatriotes m'a blessé au cœur ; les calomnies sourdes que je sens dans l'air ont tué en moi les élans d'une sympathie qui me rendait le sacrifice facile, presque joyeux. Il ne me reste plus que le sentiment du devoir, et j'espère bien l'écouter toujours, mais ce devoir, où est-il ? Quoique la lutte ne soit pas terminée, la situation du pays s'est tassée, pour ainsi dire. Les communications de l'armée ennemie avec l'Allemagne se sont modifiées par le rétablissement du tunnel de Nogent-l'Artaud, près de Meaux. Le point d'arrivée du chemin de fer est maintenant Lagny, et ce changement a presque totalement dégagé notre pays. Nous sommes occupés régulièrement ; une garnison fixe est établie à Touquin ; tous les jours une patrouille vient à Lumigny ; les hommes commencent à être connus et fort amicalement reçus ; ils vont tranquillement déjeuner à l'auberge et ne trouvent pas de visages rébarbatifs. Les braconniers en bandes insolentes et provocatrices sillonnent ma plaine et viennent sous mes fenêtres chanter leurs hymnes de triomphes ; ils ont fait comprendre aux Prussiens qu'ils étaient de vrais amis, leur achètent de la poudre et leur vendent du gibier. Les aubergistes réalisent de beaux bénéfices ; les fermiers eux-mêmes écoulent leurs produits à l'armée prussienne par des intermédiaires qui mettent à l'abri leur conscience facile. On trafique honnêtement et déshonnêtement et... on pense bien peu à la France. Que puis-je faire au milieu de ces tripotages dont le contact me révolte? Je crois décidément que je n'y tiendrai pas plus longtemps et que je vais aller vous embrasser. Mais comment gagner la Belgique ? Dieu y pourvoira !

6 décembre.

Par un temps de gelée sec et clair, j'ai quitté mon pauvre Lumigny! Les braves gens de la maison qui m'entouraient me voyaient partir avec un serrement de cœur que je partageais bien. Où, quand et comment devions-nous nous revoir?

Je ne savais encore ce que j'allais trouver sur la route, si elle était sillonnée de passages de troupes, et mon étonnement fut grand de ne pas apercevoir un Prussien jusqu'à Crécy ; la campagne, avec ce beau soleil, respirait le calme et la tranquillité, et je dois dire qu'on ne voyait aucune trace de guerre ni sur les maisons ni dans les champs. A Crécy seulement, qui est occupé par une garnison fixe, dite *commandature*, commence l'aspect de la désolation ; quelques pauvres en haillons errent dans les rues et partout règne un silence qui n'est troublé que par le lourd et monotone roulement des chariots de guerre. Mais c'est surtout en approchant de Meaux que les villages prennent un caractère sinistre ; les auberges sont vides, les écuries désertes et les jardins sans clôture.

Enfin nous arrivons sans encombre à Meaux que nous trouvons dans un mouvement extraordinaire. Mais quel mouvement, grand Dieu! les rues sont encombrées de soldats qui vont en tous sens ; de plus, un convoi de prisonniers vient d'arriver et est entassé au quartier où brillaient naguère les guides ou les lanciers de la garde. Une population à demi hébétée regarde ce spectacle lamentable sans manifester la moindre émotion. Hélas! elle est habituée à ce triste défilé et puis se dit : bah ! cela n'empêche pas que nous aurons la victoire. Voilà mille prisonniers, mais *on* assure que nous en avons fait quinze mille, nous autres. Demain ou après, l'armée française sera ici et ils recevront une tripotée en règle.

Je vois avec tristesse que ce n'est pas à Lumigny seulement qu'il se dit des bêtises.

Après nous être difficilement frayé un passage au milieu de cette foule, nous arrivons à l'évêché, bien heureux de trouver une figure amie dans celle de notre bon évêque, une des plus anciennes et des plus chères relations de toute ma vie. Il nous reçoit à bras ouverts, et je dois dire que cette soirée passée au milieu de visages sympathiques fut pour nous un immense soulagement après les mois de solitude que nous venions de traverser. Le général de Moltke avait séjourné ici deux jours en marchant sur Paris et avait causé avec une sorte de familarité et d'ouverture que je croyais bien peu dans sa nature. Il est incontestable que si nous nous sommes cruellement trompés dans cette guerre sur nos ressources et sur nos chances de succès, les Allemands trouvent maintenant un énorme désappointement dans la résistance de Paris. Ils comptaient y entrer en trois jours et n'amenaient avec eux aucune pièce de siége; voilà deux mois et demi qu'ils sont devant cet immense camp retranché et ils sont moins avancés qu'en commençant. De plus, cette absence de gouvernement qui nous désole et qui sera une difficulté dans l'avenir, en est aussi une pour les Prussiens. Ils annonçent ne pas vouloir traiter avec la Défense nationale; mais comment feront-ils surgir un nouveau gouvernement? Ils voudraient bien d'une restauration quelconque, mais quel prince accepterait d'être mis sur le trône par les Prussiens; ce serait bien autre chose qu'en 1814. M. de Moltke a traité ces questions ardues avec l'évêque et lui a laissé voir son embarras; au surplus, il disait sans cesse que ce n'était pas là son affaire, que cela regardait M. de Bismark, que lui ne s'occupait que de la guerre, laquelle tendait à sa fin. C'était le 12 septembre qu'il s'exprimait ainsi, nous sommes au 6 décembre et rien ne l'annonce, cette fin.

On m'avait dit que le chemin de fer prenait des voyageurs français et je comptais en user jusqu'à Épernay, pour voir là si je continuerais par Reims ou par Nancy.

J'allai à la gare chercher un renseignement. Quel spectable! partout des Prussiens, ou militaires ou civils; car une nuée de marchands juifs s'abat à la suite des armées pour gagner de l'argent. Avec de grandes difficultés je parviens à comprendre qu'à cinq heures du matin (heure commode) passe le train-poste qui accepte des voyageurs français... s'il y a de la place.

Le lendemain donc ou plutôt au milieu de la nuit nous nous acheminions vers la gare par un froid glacial et une tourmente de neige qui nous aveuglait. J'obtins à grand'peine des morceaux de papier allemand qu'on décorait du nom de billets. Le train arriva ; à la lumière d'une mauvaise lampe nous cherchâmes des places. Il n'y en avait guère ; une ici, une là ; mais on ne voulait pas prendre nos bagages ; nous ne pouvions pourtant pas partir sans une chemise. Je parvins à décider une espèce de conducteur à placer nos malles dans le fourgon. On les y jeta ; alors nous recherchâmes nos places. On se bouscula, le sifflet retentit et le train partit nous laissant là, mais... emportant nos malles, abomination ! Nous voici donc en pleine nuit, sans effets et ne sachant plus que devenir.

Un Allemand compatissant, voyant nos physionomies renversées, nous offre de télégraphier pour faire déposer nos colis à la Ferté-sous-Jouarre; la belle avance ! d'abord y resteront-ils et puis comment irons-nous les rejoindre?

Nous voici regagnant piteusement l'évêché,

traînant nos manteaux et heureusement un sac de nuit que j'avais pu sauver de la bagarre. Après avoir déposé votre mère dans la chambre que nous avions quittée une heure avant, je me mets en campagne pour trouver une voiture; je fais lever les loueurs, tous me refusent. Ou bien ils n'ont plus de chevaux, ou bien les leurs sont éreintés par les réquisitions. Je vous passe toutes ces péripéties; enfin l'un d'eux qui connaissait mon nom, accepte de nous conduire à Château-Thierry dans la journée; je saute sur cette voie de salut, tout en me disant que les mêmes difficultés se renouvelleront plus loin. Mais enfin la campagne est entamée, il faut l'achever.

Nous voilà donc entreprenant un voyage de quatre-vingts lieues en voitures de rencontre, par un temps affreux et une neige de Sibérie; nous traversons les ponts rompus de la Marne sur des poutres de sapin qui laissaient fort à désirer comme solidité. Nous devions faire rafraîchir nos chevaux à la Ferté, et en y arrivant nous avons le grand bonheur de retrouver nos malles qu'un gros Allemand réjoui nous rend en tendant à votre mère une forte poignée de main.

— *Fous gontent?*

— Oui.

— *Eh pien, moi aussi, dres gontent!*

Nous dûmes nous réfugier à l'auberge pendant que nos chevaux se reposaient, la neige tombant à ne pas s'y voir.

Là, un spectacle bien étrange! Dans la salle d'une espèce de restaurant étaient plusieurs tables occupées par des gens du pays, des fermiers, des bourgeois, des commis-voyageurs ; tous se connaissaient et parlaient tout haut avec une grosse gaieté et d'épaisses plaisanteries. Le sujet comme de juste était la guerre.

— En avez-vous beaucoup? comment se sont-ils comportés? ont-ils pris tous les animaux? Ah! c'est un temps dur à passer!

— Allez! nous nous en relèverons bien vite. Ah! mais, si un homme avait osé lever la main sur moi, je l'aurais tué sur place.

— Bah? ne faites donc pas le crâne: vous auriez filé doux comme les autres, etc,...

Jusque-là rien de mieux, et c'est la conversation de tout le pays; mais l'étrange, c'est qu'à une de ces tables était un officier prussien qui déjeunait tranquillement et qui, dès le début, avait montré à la servante en lui demandant plusieurs choses, qu'il comprenait et parlait fort bien le français. Eh bien ! toute cette conversation avait lieu devant lui et en partie à son intention ; on le regardait en ricanant du coin de l'œil, mais la gaieté était aussi franche que s'il n'eût pas été là. Singulier peuple !

Nous nous remîmes en route et cette seconde étape s'opéra avec bien de la peine ; il faisait un verglas affreux et les chevaux tombaient à chaque pas. Nous passons devant Rueil, château du duc de R..., où j'avais bien gaiement joué la comédie dans ma jeunesse, avec mesdames de C..., de V..., et toute une société spirituelle, élégante, dont les uns ont disparu, les autres sont jetés comme nous aux quatre coins du monde. Les murs sont debout, les arbres ont grandi, les hommes seuls ont disparu ! Je repassais dans ma tête tous ces souvenirs, lorsque je fus rendu à la réalité par la constatation de la quasi-impossibilité d'avancer. Je pousse à la roue ; je relève les chevaux ; quelques clous trouvés dans une maison maintiennent leurs fers tant bien que mal ; enfin après de longs efforts nous arrivons à Château-Thierry à une heure fort avancée.

Une petite chambre glacée fut tout ce qu'on put

nous donner, car, là aussi, les Prussiens remplissaient l'auberge. Pendant notre dîner, pris au coin d'une table en société d'une foule de marchands juifs, on a beaucoup parlé francs-tireurs ; c'est toujours l'idée fixe de votre mère, elle en voit partout, quand il n'y en a guère cependant dans ces pays bien matés. Elle prêta donc l'oreille et apprit qu'on attendait un coup de main pour ce soir. Nous étions bien tombés et cette nouvelle impression de voyage pouvait devenir originale. J'étais en train de me coucher, car il fallait bien finir par là, lorsque j'entends beaucoup de bruit sous ma fenêtre ; je regarde par les fentes de la persienne et je vois sur la place trois ou quatre cents hommes rangés en bataille. Allait-on donc attaquer notre modeste auberge et recélait-elle dans son sein toute une armée? J'allai aux renseignements et j'appris que la garnison était en effet sur pied par suite d'avis venus du dehors; mais l'ennemi était signalé dans les bois environnants et nullement dans l'auberge. Les casques à pointe se fractionnèrent par petits groupes et disparurent dans toutes les directions. Le meilleur parti était donc d'essayer de dormir, car nous avions le lendemain une longue journée à faire et il fallait partir au petit jour.

Nous nous embarquons pour Reims dans une atroce guimbarde, et après douze heures de route sans incidents remarquables, nous arrivons, assez inquiets de devancer l'heure après laquelle personne ne peut plus circuler dans les rues selon l'ordonnance militaire. Dans l'hôtel où nous descendons, grand mouvement d'officiers, salle de festin brillamment éclairée, où le vin de Champagne joue un grand rôle. C'est la pension de l'état-major, et la population de l'hôtel semble faite à cette existence étrange, mais pleine de profits.

La belle cathédrale, dont vous avez tous entendu parler, regardait tristement du haut de ses tours gigantesques l'ennemi qui grouillait autour de son parvis ; ce sombre monument au milieu de la place couverte de neige paraissait un grand tombeau. Le matin, avant le jour, nous allâmes y entendre la messe ; l'obscurité qui y régnait encore n'était rompue que par quelques lampes incertaines aidant à peine à se diriger sous ses noirs arceaux. Je ne pus m'empêcher de repasser dans mon esprit tout ce que cette antique église avait vu de jours glorieux pour la France depuis

Charles VII jusqu'à Charles X, tous ces sacres de nos rois, appelant la bénédiction d'en haut sur les pouvoirs de la terre, cérémonies plus imposantes à coup sûr que les emblèmes païens de la république. Je me reportai à ce temps de Jeanne d'Arc, où la France, comme maintenant, était ravagée par l'étranger ; nous nous sommes bien relevés de ces désastres ; quand le serons-nous de ceux-ci ?

Assez de réminiscences historiques et rentrons dans le réel de notre voyage. J'avais trouvé à grand'peine une voiture qui s'engageait à nous mener en deux jours à Bouillon, c'est-à-dire dans la bonne Belgique, loin des Prussiens et des francs-tireurs. Il fallait pour cela aller coucher à Vouziers; la journée n'était pas bien longue comme distance, mais il tombait une telle neige, que je prévoyais de grandes difficultés. En effet, nous avancions à peine, et nous avons ainsi parcouru douze lieues dans une espèce de nuit blanche que sillonnait de temps à autre le vol lent et silencieux de quelques corbeaux. Dans un bouchon infect, où nous fîmes la halte de rigueur, nous dûmes déjeuner à côté de contrebandiers à moitié ivres, qui exprimaient leur opinion sur la guerre d'une manière toute patriotique.

— Moi, disait l'un, être Prussien, être Français, ça m'est égal. Les Prussiens ont cela de bon qu'ils laissent faire le commerce. Ah! il faut être juste! Ils ne tourmentent pas le négociant, et j'ai fait ma petite pelote depuis trois mois.

Ce que cet honnête industriel appelait son commerce, consistait en tabac belge qu'il entrait en France à l'aide de la disparition de toute espèce de douane. Il vendait dix sous ce qu'il achetait pour deux et trafiquait sans scrupule avec amis et ennemis. Celui-là et ses compagnons ne demandaient nullement la fin de la guerre et trouvaient le régime très-passable.

A Vouziers, encore des Prussiens; une garnison fixe y séjournait depuis trois mois et demi, du reste petite ville calme, avec boutiques ouvertes, aussi laide qu'elle devait l'être en pleine paix, mais pas davantage. Je constate que mon attelage ne va plus et je cherche à le remplacer, impossible. Personne ne veut s'aventurer dans le Nord par un temps pareil; enfin, à la grâce de Dieu! Nous nous réchauffons comme nous pouvons et projetons de partir demain au petit jour

Au réveil, je m'aperçois qu'il a neigé toute la nuit et que les fossés des routes disparaissent sous ce manteau uniforme. La position se complique tout à fait et je me demande sérieusement s'il ne faut pas attendre ici que le temps prenne un autre caractère. Nous essayons de partir, mais à la moindre pente ascendante du terrain nos animaux refusent d'avancer. Heureusement au premier village, nous trouvons des chevaux de charrette qu'on nous met en arbalète et nous enlevons la position. Cependant je vois passer gaillardement une petite américaine attelée de petits quadrupèdes qui bravent la neige et les fondrières, grâce au poids léger du véhicule. C'était une voiture revenant à Sedan après avoir conduit à Vouziers un voyageur que j'y avais vu la veille. J'arrête un instant le cocher et le supplie de me trouver des chevaux au Chêne-Populeux ; je prévoyais bien que notre attelage improvisé ne pourrait aller jusqu'au bout, je lui crie même de tâcher de nous attendre au Chêne, car je pensais qu'au pis-aller on serait bien heureux de trouver un moyen de transport qui, au moins, ne nous laisserait pas en route.

Le Chêne-Populeux! que de souvenirs poignants ce nom réveille! C'était par là que le 27 août passait la pauvre armée de Mac-Mahon courant à bride abattue s'enfermer dans le gouffre de Sedan; c'est là que, le lendemain, sur ses talons arrivait le prince royal qui avait abandonné sa marche sur Paris pour venir nous écraser. C'était la pointe des fameux défilés de l'Argone dont on nous avait tant vanté les dédales infranchissables et qui, en 92, avait arrêté ces mêmes Allemands. Si je n'avais été aussi préoccupé des difficultés matérielles de notre route, et surtout si nous n'avions pas été aveuglés par la tourmente de neige qui à chaque instant redoublait d'intensité, j'aurais tâché de me rendre un peu compte du pays. Mais on ne voyait rien; les rares habitants que je questionnais ne se rappelaient plus grand'-chose; nous cheminions péniblement dans la neige jusqu'aux genoux tirant les chevaux par la figure ou poussant à la roue. — Les femmes sont charmantes au coin du feu, dans un bon salon! mais que de fois je maudissais la présence de votre mère dans une pareille équipée. Seul, j'aurais pris une charrette, j'aurais été à pied comme un vieux chasseur et j'aurais bien fini par me tirer d'affaire. Mais à quoi bon me lamenter; je ne peux pas laisser ma pauvre femme dans un fossé (rassurez-vous, l'idée ne m'en est pas venue un seul instant!) il faut donc en sortir.

Après cinq heures employées à faire quatre lieues, nous arrivons au Chêne, petit village dépourvu de toutes ressources. Heureusement j'aperçois mon cocher d'américaine qui m'avait attendu, flairant une bonne course. Je me précipitai dans ses bras, le considérant comme un sauveur; je me hâtai de prendre un parti, et malgré ce qu'avait d'insolite pour votre mère ce genre de locomotion je la décidai, ce qu'elle fit de fort bonne grâce, à grimper dans ce char découvert pour tenter d'arriver à Sedan avant la fermeture des portes : il y avait encore cette complication! Nous prîmes une tasse de café noir; nous dévorâmes un morceau de pain; je trouvai une chaufferette que je bourrai de feu, et, enveloppés dans nos manteaux, nous partîmes au galop! Cet équipage était tellement contraire à nos habitudes, que cela en devint drôle. Voir une femme qui considère la neige comme son ennemi particulier même en la regardant à travers une fenêtre, qui ne va pas même au mois de juillet en voiture découverte de peur du grand air, tellement enveloppée sous ce linceul blanc, qu'il faut toutes les cinq minutes secouer son voile et son manteau pour qu'elle ne disparaisse pas sous cette couche cotonneuse, c'est, je vous assure, très-comique.

Nous en avions pour cinq heures en marchant vite, et le moindre retard nous faisait coucher à la porte de Sedan, c'est-à-dire en plein champ! Mais le sort en était jeté : et le mieux était de faire contre fortune bon cœur. Votre mère prit la chose fort allégrement : l'étrangeté du voyage finissait par l'amuser: La route du reste était originale et intéressante, tant par ses souvenirs que par son caractère propre ; en sortant du Chêne-Populeux, on traverse une patrie de ces grandes forêts des Ardennes qui sont légendaires par leur immensité et leurs loups. L'aspect en était fantastique : de grands arbres étendaient leurs branches noires à par-dessus blanc jusque sur la route. Nous glissions en silence sur cette neige qui tombait sans un souffle d'air, sans choc et sans écho. On n'en tendait ni le bruit des roues, ni les pas des chevaux qui, enfonçant jusqu'aux genoux, faisaient voler autour d'eux en trébuchant des nuages de poussière blanche. De temps en temps un gros bloc se séparait d'une branche et, tombant toujours sans bruit, changeait pour un moment l'aspect de l'arbre dont il se détachait ; puis tout reprenait son immobilité. Rien n'était plus mystérieux.

A ces grandes forêts, succédèrent les vallées avec quelques hameaux noirs aussi muets qus les bois. Nous approchions de cet entonnoir de Sedan où la France s'était abîmée trois mois avant ; notre cocher nous expliquait les routes par lesquelles les Prussiens étaient accourus pour envelopper notre armée ; il nous montrait les collines qui, par enchantement, se couvrirent d'artillerie, entourant d'une ceinture de feu ce trou dominé de toutes parts, où l'on avait eu l'idée bizarre de placer une ville forte. Nous passons près du château où l'empereur et le roi de Prusse eurent cette triste conversation qui devait se terminer par une capitulation inouïe dans les fastes de la guerre. Avant d'entrer en ville, dans un vaste terrain qui s'appelle le Champ de Mars, nous apercevons une sorte de bois à l'aspect étrange. Hélas ! ce que je prenais pour des arbres, c'étaient les timons régulièrement relevés et alignés de nos pauvres canons ; il y en avait là plus de quatre cents avec leurs affûts, des mitrailleuses, des fourgons, une forêt en un mot, de quoi occuper toute une armée. Nous passons le terrible pont-levis ; nous ne coucherons donc pas dehors.

Il n'y avait pas à s'endormir ; il fallait songer au lendemain ; les premiers loueurs auxquels je m'adressai déclarèrent que pour cinq cents francs ils n'affronteraient pas une pareille neige, triple au moins dans les gorges de Bouillon. Au lieu de Vouziers faudra-t-il donc séjourner à Sedan, cette ville maudite dont le nom seul me donnait le frisson. Enfin, un homme courageux se décide, moyennant un bon prix, à tenter l'aventure. Je rejoins votre mère dans une petite chambre sous les toits, la plus froide et la plus sale que j'eusse jamais vue. Nous descendons dîner dans la salle commune au milieu de laquelle est une grande table toute garnie d'officiers gais, causant, assez convenables, mais bien les maîtres ; nous autres, dans un coin, grignotions un maigre dîner ; un peu plus loin, trois individus à l'aspect respectable mangeaient en silence. Ils me parurent Français. Je demandai au garçon si je ne me trompais pas.

— En effet, me dit-il, ce sont des ôtages de Stenay qui sont prisonniers sur parole jusqu'au payement d'une imposition dont on a frappé leur ville.

Bizarre assemblage, n'est-ce pas, que ces geôliers et ces captifs qui dînent dans la même salle.

Le lendemain donc, samedi 10 décembre, nous partons au petit jour et nous rentrons dans notre fromage blanc. Il y avait plus de neige que jamais, environ deux pieds ; nous côtoyons les charmantes habitations qui entourent la ville ; elles sont tristes, abandonnées, mais pas détruites. J'aperçois, mais de loin seulement, les ruines de l'infortuné Bazeille, de terrible mémoire. On dit que les Anglais comptent acheter ces débris, les arranger style Pompeï et en faire l'objet d'une exhibition. Où la curiosité du touriste va-t-elle se nicher ? Après une heure de route je vois arriver à nous plusieurs voitures au grand trot ; c'est la malle prussienne escortée de chars-à-bancs de chasse, bondés de soldats, la baïonnette au bout du fusil. Cette mesure de précaution est motivée par un petit incident arrivé l'avant-veille; ladite malle moins bien gardée avait été arrêtée et enlevée par des francs-tireurs près de la frontière belge.

La forêt qui environne Bouillon est coupée par une suite de ravins et de torrents à l'aspect le plus pittoresque. Tout à coup au détour du chemin apparaissent deux petites maisons; sur leurs portes s'étale allégrement un bon homme de lion peint en jaune. Un gendarme, un vrai gendarme, fumait sa pipe; un monsieur poli me demande avec un fort accent bruxellois si j'ai quelque chose à déclarer....

Nous étions dans la pacifique et heureuse Belgique; plus de Prussiens, plus de francs-tireurs, plus de cuirassiers blancs, plus d'éclaireurs de la mort, plus de vengeurs, plus de dévorants; nous retrouvions la paix, ce grand bien qu'on n'apprécie que lorsqu'on en a été privé. Hélas! qu'il est encore loin le moment où mon pauvre pays poussera ce soupir qui s'échappait de ma poitrine oppressée depuis tant de mois!

Bientôt au fond d'une gorge profonde et dominée par un château du plus pur moyen âge encadré de grands bois de sapins, apparaît la petite ville de Bouillon, première étape de nos troupes affolées après le désastre de Sedan. D'honnêtes soldats avec des pantalons gris-perle témoignent par leurs figures reposées leur joie du système de neutralité qui permet à la Belgique d'assister l'arme au bras aux grands drames se déroulant à ses portes. Ne nous en moquons pas de cette neutralité ; au fond, la seule excuse de la guerre, c'est la victoire, car toutes ces atrocités ne sont rachetées que si elles ont pour résultat d'élever une nation à une plus grande hauteur morale et matérielle. Pour en revenir à mon perpétuel raisonnement, la partie étant toujours des plus indécises, c'est une folie criminelle de la jouer dans les conditions d'imprévoyance que nous apportons dans toutes nos actions. Nous en avons la preuve aujourd'hui ; nous l'avons perdue cette partie engagée le cœur léger, et l'insanité de cette tuerie apparaît dans toute son horreur. Nous entassons au fond de nos cœurs des haines qui amèneront inévitablement des représailles, lesquelles en provoqueront d'autres et ainsi de suite jusqu'à la fin du monde.

Assez des descriptions de neige, de bois, de chevaux éreintés, de voiture déraillant dans les fossés ; elles ne seraient intéressantes que si l'un de nous avait péri enfoui sous les glaces. Ces tableaux palpitants qui, j'espère, vous ont ému sur notre sort, perdraient de leur charme à être trop racontés. Qu'il vous suffise donc de savoir que le soir assez tard nous gagnons enfin Libramont, station du chemin de fer belge, et que nous y trouvons heureusement un train partant pour Bruxelles. C'était un grand repos physique que de monter dans une vraie voiture au milieu d'un pays régulier ; mais cette route de nuit cependant fut bien triste, et au moment où je touchais à l'instant de vous revoir, un tremblement me saisissait. Nous étions au 10 décembre, et je n'avais pas eu de vos nouvelles depuis le 15 novembre ; de Robert depuis le 5 du même mois. Que s'était-il passé pendant ces longs jours pour vos chères existences? Aviez-vous traversé une de ces mille crises qui viennent si souvent frapper les familles? Allais-je vous retrouver tous à l'appel? Un frisson me parcourait à cette pensée, et je voyais bien que votre mère était sous l'empire des mêmes préoccupations. Nous ne nous disions rien, et je tremblais presque d'arriver. J'avais télégraphié de Namur à un des d'U.... notre arrivée; je verrais donc peut-être à la gare quelques visages amis, et je saurais aussi ce que j'avais à redouter ou à espérer.

Il arrive enfin, ce moment, à la fois craint et désiré ardemment; je cherche quelques figures connues; plusieurs de nos bons parents sont là. Avant que le train ne fût tout à fait arrêté, je m'efforce de deviner l'expression des physionomies que je reconnais : si on a un malheur à m'annoncer, je le saurai avant qu'un mot n'ait été prononcé. Voyez-vous, la plume ne peut pas rendre ce que cette angoisse avait de poignant. Mon ami La R.... fut le premier dans les bras de qui je me jetai, et je lui demandai bien bas, bien bas, la bouche collée contre son oreille : « La vérité, dites-moi la vérité; sont-ils tous en vie? Les filles ici, les garçons là-bas? Donnez-moi votre parole que vous me direz la vérité ! » Il était très-ému aussi, mais je vis bien vite que j'avais à remercier encore une fois le bon Dieu. H. B..., votre tante d'U..., un ou deux des L.... étaient là, tous empressés autour de nous, tous bons et sensibles. Ah! je leur devais beaucoup;

ils vous avaient tenu lieu de parents pendant quatre mois.

Quelques instants après je vous serrais contre mon cœur ; je n'oublierai jamais ce moment !

Juillet 1875.

Ici s'arrête mon journal. Ces pages fort monotones n'ont pour excuse que l'heure même de leur rédaction. Je n'ai rien voulu changer à mes jugements sur les hommes et sur les choses ; j'ai cherché à peindre le présent et à deviner l'avenir, avec mon imagination, ma conscience, et un peu ma passion. Me suis-je trompé ? Suis-je resté dans la mesure, pour le bien comme pour le mal? C'est au lecteur à en juger. Maintenant, quelques traits seulement pour terminer ce tableau de la vie en Seine-et-Marne pendant l'invasion.

Je revins à Lumigny pour les élections du 8 février 1871, au milieu de mille difficultés, rappelant beaucoup celles de mes premières pérégrinations; mais cette fois j'avais un ami, M. H. B...., qui accourait pour faire du bien aux assiégés, comme il en avait tant fait aux prisonniers pendant la guerre. En rentrant seul dans ma maison, j'éprouvai un serrement de cœur profond. La vie s'y était écoulée comme je l'avais prévu sans une émotion ni un incident. Les Prussiens de Touquin venaient tous les deux ou trois jours se promener à Lumigny, déjeunaient au cabaret, s'y attablaient longtemps, puis repartaient après avoir dit un mot d'adieu aux figures qu'ils commençaient à connaître. Les braconniers continuaient leur commerce et la vie leur paraissait de plus en plus douce. Un petit trafic inavoué, mais inévitable, s'établissait, en passant par des tiers, entre vainqueurs et vaincus; les fermiers qui avaient échappé à la razzia du mois d'octobre vendaient fort cher les animaux qui commençaient à devenir rares, puis ensuite le fourrage dont ils n'avaient plus besoin.

En un mot, cette position impossible en théorie devenait possible en réalité, et aurait duré ainsi fort longtemps sans soulever dans la population aucune manifestation violente.

Mais tout a une fin, même le siége d'une ville soutenue par un mélange de sentiments vraiment héroïques et de passions détestables. Les mêmes hommes qui devaient mourir à leur poste et ne pas céder un pouce *de n'importe quoi*, durent signer le plus dur traité qu'un peuple ait jamais subi; il fallait une Assemblée pour ratifier ces douloureux sacrifices, et le 8 février, par un brouillard froid et une pluie pénétrante, nous nous acheminâmes tristement vers les urnes électorales. Une réunion convoquée d'urgence à Rosoy avait dressé une liste pour tout le département et pratiqué ainsi les deux degrés à rebours : les délégués désignant tel ou tel candidat et la foule confirmant ou modifiant ce vote par un scrutin définitif. Dans la section que je vis à Morcerf les choses se passèrent tranquillement. Quoiqu'il n'y eût certes pas matière à rire, la gaieté française crut devoir se montrer dans cette circonstance. Certains électeurs nommèrent députés leurs amis de cabaret, et chacun donna sa voix à son voisin : Garibaldi en eut une douzaine, Bismarck en eut deux. Oh ! la belle institution que le suffrage universel !

Malgré ces gentillesses du scrutin, les députés désignés par les délégués passèrent et la vie reprit monotone et assommante. Deux ou trois fois les Prussiens eurent des velléités d'impôts extraordinaires; ils envoyaient *en voiture* un convoi de troupes pour lever des contributions sous un prétexte quelconque. On leur donnait le quart; ils grognaient et s'en allaient contents. Puis les routes se couvrirent de ces longues files de troupes dont nous avions vu le flot montant; c'était à présent la marée descendante. On regardait avec une sorte d'hébétement, sans grande joie, comme des gens alourdis par une potion soporifique. Cette paix était si dure, qu'à mes yeux, du moins, la satisfaction d'être en république n'en dominait nullement l'amertume!

Mais enfin petit à petit il fallait bien reprendre à la vie; le corps et l'esprit allaient sortir de cette léthargie dans laquelle ils semblaient plongés, le printemps renaissait délicieux et fécond : une assemblée souveraine, honnête et loyale, allait commencer ce travail immense de la reconstruction d'un pays, bouleversé jusque dans ses fondements. Tout à coup le 18 mars vint éclater comme un coup de foudre.....

Le 14, mon fils Albert revenu d'Allemagne avait dû, après les premiers embrassements, retourner à Paris pour régulariser sa position militaire. Le 19, entraîné à Versailles par le flot de ce gouvernement qui fuyait devant l'émeute, il lui fallut reprendre cette épée brisée au service de la patrie, pour la tourner contre ces sinistres personnages qui voulaient continuer quelque temps encore la vie oisive du siége. Toute l'idée de la Commune fut là ; il ne faut pas s'évertuer à y chercher des aspirations sociales et des conceptions économiques. Cinq cents déclassés et rôdeurs de place, cinquante mille hommes armés jusqu'aux dents voulurent continuer à dormir, manger et boire, boire surtout, sans travailler; ils abritèrent cette revendication derrière des murailles infranchissables et 800 pièces de canon. Pendant deux mois ils menèrent une vie qui n'était pas sans charme : quelques-uns se faisant tuer, les naïfs ; les autres légiférant et promenant pompeusement leurs galons et leurs écharpes dans une ville terrifiée.

Quand tout fut fini, ils tuèrent quelques vieillards et mirent le feu. A cette comédie sanglante perdirent la vie cinq ou six mille braves soldats, et vingt mille pauvres diables d'ouvriers poussés là comme un troupeau par des *messieurs*, qui, pour la plupart, étaient sortis sains et saufs de la bagarre. Un milliard au moins fut inutilement gaspillé. Paris a enrichi son long martyrologe du meurtre d'un archevêque, d'un lot de prêtres et de gendarmes pris au hasard, qu'on a froidement fusillés au moment où la lutte finissait, sans même un prétexte d'utilité pour la cause des assassins; ses monuments les plus beaux, les plus inoffensifs politiquement parlant, ont eté incendiés ; la colonne Vendôme a été abattue après un travail long et scientifique sans exciter un murmure; la maison de M. Thiers a été rasée à la barbe de bourgeois goguenards, qui trouvaient la plaisanterie fort drôle ; on préparait ainsi l'essai loyal de la République.

N'attendez pas, mes enfants, que je vous refasse un compte rendu détaillé de cette détestable époque où le ridicule le disputait à l'horreur. Je veux esquisser la physionomie du lieu que nous habitions pour laisser à ces souvenirs leur caractère purement local.

Le 18 Mars trouva le pays assez froid : on ne comprenait pas ce que voulait dire cette révolte mélodramatique, faite sous les yeux d'un ennemi, qui allait prendre ses billets comme pour une représentation à son bénéfice. Cependant, comme toute insurrection réveille une sympathie instinctive, on était disposé à s'intéresser aux Parisiens. Après la fusillade de la rue de la Paix, l'arrestation des otages, l'incorporation forcée dans la garde nationale, une nuée d'émigrés se répandit dans nos villages. Ne croyez pas que cette foule fût tout entière ennemie de la Commune; beaucoup de ces fuyards faisaient les yeux doux à cette institution nouvelle, disant à demi-voix : *Si Paris gagne, c'est le peuple qui est vainqueur!* Leurs aspirations révolutionnaires étant d'ailleurs toutes platonniques et dominées par un désir extrême de ne pas recevoir des coups de fusil. On communiquait fréquemment avec Paris; les femmes entraient et sortaient assez facilement : des voitures s'étaient organisées, rapportaient chaque soir des liasses de journaux, qui souvent ne vivaient qu'un jour et dans lesquels s'étalait toujours cette phrase stéréotypée : « Tout va bien; Versaillais réduits au silence! »

Et, cependant, le bruit incessant du canon nous répondait jusque dans le fond de l'âme. Que de nuits d'angoisse j'ai passées à en écouter les lointains échos! Des parfums délicieux embaumaient l'atmosphère ; les étoiles scintillaient au ciel ; les oiseaux, chanteurs de nuit, modulaient leur rhythme régulier ; les officiers prussiens, dans l'aile du château qui leur était abandonnée, causaient à mi-voix ou murmuraient une romance. Et toujours un roulement sourd et saccadé dominant les autres bruits, semblait gémir dans les profondeurs de l'horizon. Accoudé à ma fenêtre, je cherchais à percer l'énigme que ce sphinx bizarre donnait à deviner au monde. Ce peuple écrasé, anéanti par six mois de luttes et de misères, semblait mécontent et désappointé de sortir de cet enfer, au point de vouloir recommencer à se dévorer lui-même. Et cela en présence d'ennemis impassibles et stupéfaits de ce complément de triomphe qu'ils n'avaient pas osé rêver. Cette ville, respirant à peine après un ensevelissement de cinq mois, se replongeait dans les horreurs d'un nouveau siége pour tuer ses propres enfants et verser encore du sang. Jamais on ne croira dans les âges futurs à pareille insanité, et c'est cette page d'histoire qui se déroulait sous mes yeux. Enfin, me disais-je chaque nuit, cela finira ; il y aura un soir où je n'entendrai plus rien. La lutte sera terminée ; Comment? Paris restera-t-il debout ?

On annonçait tout bas des horreurs pour les derniers jours, pronostics qui devaient être des prophéties. Une angoisse personnelle se joignait à mes émotions : Albert, pris pour officier d'ordonnance par le bouillant général Galliffet, avait été très-exposé ; avec un tel chef on était sûr d'être au danger et à l'honneur ; mais l'idée de le voir frappé par une de ces balles scélérates et imbéciles m'exaspérait ; mes garnisaires prussiens, froidement polis, m'agaçaient ; l'aveuglement de ce peuple, qui ne comprenait rien à ses devoirs ni à sa dignité, me soulevait.

Ce furent de bien mauvais jours, dont je n'oublierai jamais la douloureuse physionomie, mais sur lesquels il m'est trop pénible de m'étendre davantage. Enfin la coupe était pleine, elle débordait; les acteurs en avaient assez ; les figurants, meurtris, blessés ou brûlés d'eau-de-vie, n'en voulaient plus ; les premiers sujets, rentrés dans la coulisse pour changer leur costume, avaient bouclé leur valise et étaient partis pour des rivages plus hospitaliers. L'orgie était terminée ; il ne restait plus à jouer que la dernière scène, l'apothéose éclairée aux feux de bengale. Et ici je tiens à placer un fait que j'affirme et pour l'attestation duquel je pourrais appeler cent témoins.

Le dimanche 21 mai, les troupes avaient à peine franchi l'enceinte de Paris : ce jour, ce jour-là même, j'appris par des gens arrivant fort effarés, que les Tuileries et l'Hôtel-de-Ville brûlaient. Je donnai cette terrible nouvelle, sans pouvoir la croire, à tout le village assemblé : *or elle ne se trouva vraie que quatre jours plus tard !*

Qu'on n'aille donc pas nous parler de l'excitation de la lutte, d'obus perdus, d'un accident, d'une folie individuelle ! Ce plan infernal a été conçu et préparé pendant de longs jours, puis accompli froidement sans aucun prétexte d'utilité stratégique. Assez sur ces jours néfastes. Aujourd'hui les assassins sont réputés des frères égarés : les victimes sont des réactionnaires incorrigibles, qui ne comprennent pas les aspirations nouvelles et dont l'entêtement amène des explosions assurément fort regrettables, mais inévitables.

Quelques jours après le massacre je vins à Paris et mon horreur redoubla à la vue de ces ruines fumantes dont on vendait les photographies pour deux sous : effets de jour, ou effets de lune, au choix des amateurs ! Les Champs-Élysées étaient pleins de monde et les cafés-concerts avaient repris leur lumière électrique et leurs chansons grivoises; des étrangers stupéfaits se promenaient dans les flots pressés de ce peuple plus inexplicable que jamais. Décidément un terrible moxa avait été appliqué à ce corps malade; il n'avait pas pris.

J'allai à Versailles serrer des mains amies; mais il me fallut bien vite revenir pour présider au nouveau défilé des troupes allemandes dont le dernier homme nous quitta vers la fin de juin.

Elle était donc enfin écoulée cette interminable et terrible année; l'invasion, semblable aux flots d'une inondation, avait été impétueuse dans son envahissement et maintenant se retirait lentement, quittant à regret cette terre exubérante de richesse et de fertilité. Après les ruines du passé, au milieu de la confusion du présent et devant les incertitudes de l'avenir, le pays trouvait dans sa vitalité naturelle, dans l'influence dominatrice qu'il exerçait sur les besoins futiles, mais impérieux du monde entier, une mine de production et d'expansion extraordinaires. Le bouillonnement du sang nouveau prit tant de forces qu'il lui fallut dépenser sa séve dans les querelles intérieures.

Alors chaque parti eut à son service le *seul* moyen de sauver la France. Ces grands mots : la France sauvée, la France perdue furent dans toutes les bouches. Eh ! mon Dieu, rien n'est si rigoureusement absolu dans le salut ou la perte des empires ; la France contient, comme toutes les nations, des germes nombreux de décomposition et aussi de régénération. La masse y est corrompue et détestable ; mais la minorité bonne y est excellente, enthousiaste et plus ardente qu'ailleurs. A côté de la fièvre du plaisir, du lucre et de la révolution, il y a la fièvre de la charité, qui fait battre bien des cœurs et soulève des montagnes.

Quant à la fortune, sa roue tourne sans cesse et nous reporterait vite sur les sommets où nous étions naguère, si nous savions profiter de ces grandes leçons que la Providence nous envoie de temps en temps, nous recueillir après les épreuves au lieu de nous déchirer, sortir enfin de ce tourbillon révolutionnaire dans lequel nous nous agitons sans cesse, pour rentrer dans une organisation régulière. Je ne sais d'où nous viendra cette paix, mais en tout cas ce n'est pas la République qui nous la donnera, surtout si jamais elle était administrée et conduite par ceux qu'on appelle républicains purs. Pour arriver à détruire les souvenirs d'un passé doublement triste, à la fois grotesque et terrible, pour inspirer la sécurité au dedans, la confiance au dehors, il faudrait avant tout que la République exprimât d'autres idées que la rupture de tout frein, l'abaissement de toute supériorité et la négation de tout respect. Or, ce sont ces mêmes idées qui font sa force brutale et sa faiblesse morale.

A ces amis anciens et nouveaux incombe la rude tâche de retourner, assainir et féconder cette mauvaise terre; jusqu'ici les essais n'ont pas été heureux!

PARIS. — TYPOGRAPHIE LAHURE

Rue de Fleurus, 9

PARIS. — TYPOGRAPHIE LAHURE
Rue de Fleurus, 9

www.ingramcontent.com/pod-product-compliance
Ingram Content Group UK Ltd.
Pitfield, Milton Keynes, MK11 3LW, UK
UKHW020204250726
13967UKWH00003B/1259

9 782013 242622